瞬間の輝きを求めて

美濃保育園に学ぶ5年間

山﨑雅昭
撮影／文

ステップ練習で自分の表現を創る（5歳児）

リズム遊び（0・1 歳児）

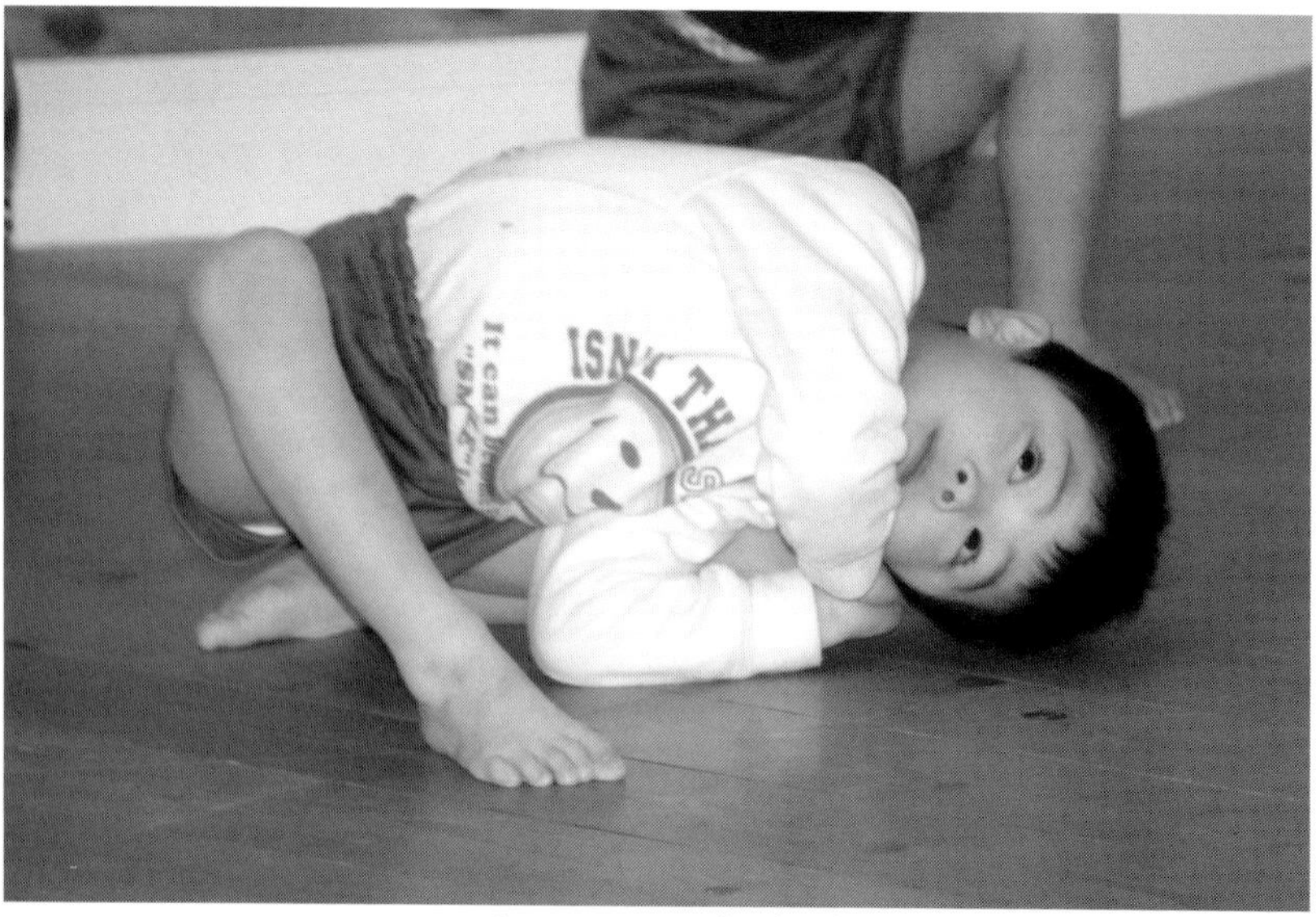

三まいのおふだ（3 歳児）

おむすびころりん（3歳児）

はだかの王様（4歳児）

リズム遊び（2 歳児）

手ぶくろを買いに（5歳児）

あほろくの川だいこ（5歳児）

手ぶくろを買いに（5歳児）

あほろくの川だいこ（5歳児）

曲表現「ラデッキーマーチ」より（5歳児）

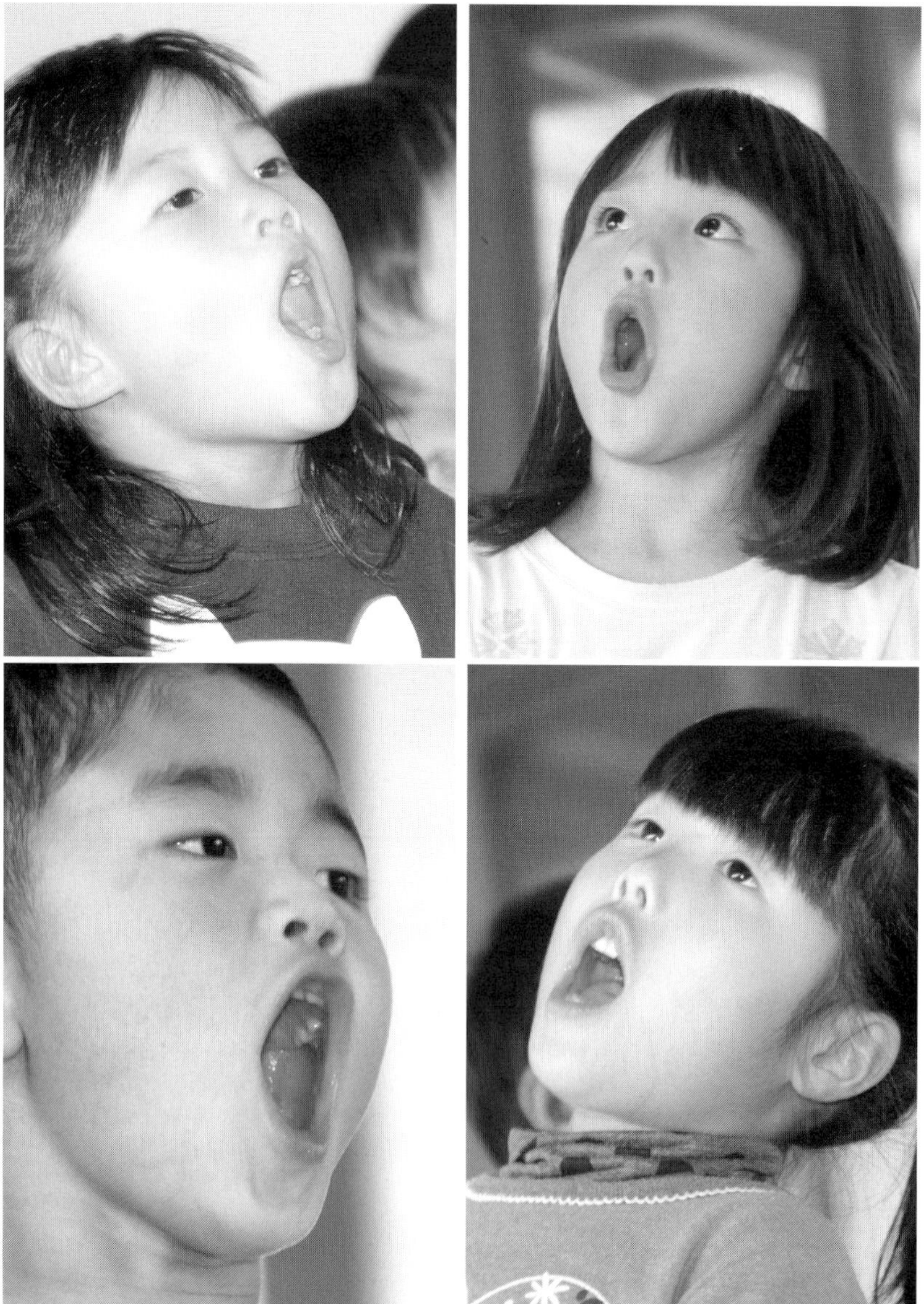

歌を歌う子どもたち

はじめに

「瞬間の輝き」という言葉を聞くとどんなものを想像するだろう。本書では、表現活動をする子どもたちの美しい姿を「瞬間の輝き」ととらえている。表現活動をする子どもたちを見て、「いいねえ」とか、「あの子きれい」とか、「凄い」とか、様々な褒めことばを聞くことがある。表現活動では、子どもたちは物語の展開に合わせてステップをしたり、身体表現をしたり、歌ったりする。子どもたちが一生懸命に表現する姿は私たちの心を打つ。その瞬間瞬間の子どもたちは美しく、輝きを放っている。その瞬間をカメラでとらえようというわけである。

私自身担任している時は、子どもたちとオペレッタに取り組んでいた。ビデオで記録を取ったことはあったが、写真は撮れなかった。その代わり、他の先生方のオペレッタは写真に撮ることができた。茨城県の小学校を初め、千葉県の小学校、栃木県の幼稚園など何人もの先生方に協力を得、子どもたちの写真を撮らせていただいた。どこの幼稚園・学校に行っても子どもたちの輝く姿に出会い、写真を撮ることができた。

また、千葉・茨城教授学研究の会の合宿研究会でも表現の実技研修を行っているので、その写真も撮らせていただいた。表現活動をするのは大人であるが、もちろん大人でも輝く姿には出会うことができた。千葉経済大学短期大学部で行われた教員免許更新講習でも、表現の実技研修の写真を撮らせていただいた。これらのいくつかについては、一莖書房の月刊誌「事実と創造」に報告させていただいているので、参考にしていただければ幸いである。

そうしているうちに、美濃保育園の表現活動の写真を撮る機会が巡ってきた。一莖書房の斎藤草子さんの紹介で、美濃保育園に行けるようになった。２０１５年２月から２０２０年２月まで５年間、美濃保育園に通った。初めは２月に行われる公開保育発表会であった。公開当日は写真撮影は禁止なので、その前日と前々日の練習の様子を撮らせていただいた。翌年からはステップ大会も見せていただいた。ステップ大会は、２歳以上の子どもたちが年齢ごとにステップを発表し、それを年長の子どもたちと一緒に練習をする会である。

そして、２０１７年からは第三水曜の会も撮らせていただくようになった。第三水曜の会は園内研修である。いわゆる職員研修である。しかし、外部の人にも公開している。２０２０年からは、新型コロナ感染予防のため、研修会が公開できなくなった。

美濃保育園に行った時は，写真を整理し、写真のデータと一部の写真を拡大プリントして園に提供してきた。これまでに撮った写真は約７万枚である。

２０１５年と２０１６年は写真を並べ、これが良い、あれが良いと見ていた。しかし、どの場面の写真なのか覚えきれないので、確認をするためにビデオ撮影も始めた。そうすると、全部ではないが、だいぶ確認できるようになった。また、写真の前後にどのようなことが起きていたか、指導者はどんなことを言い、子どもたちはどう反応したかが分かるようになってきた。その中で、これはと思った活動については、ビデオで確認しながら、文字起こしをして、写真も入れて記録を取ることを始めた。この方が写真をよりよく理解できることが分かってきた。

しかし、写真には限界がある。一つのファインダーでステージに立つ全ての子どもたちはとらえきれない。目の前の子どもたちの中でどの子がより輝いているか、瞬時に見つけてシャッターを切っていく。複数の子が輝いて見える時もある。全体が輝いて見える時もある。それでもその時は一部を切り取ってシャッターを押す。こんな時もある。ああ良いなあと思って見ているうちに、子どもの活動は次に移っているのだ。いいなあと思った瞬間には、シャッターを押していないと撮れないのである。難しいことではあるが、それに挑戦していく必要がある。

写真家の土門拳は、

「プロは実にたくさん撮る。一つのモチーフを何枚も何枚も、トコトンまで撮る。モチーフ状態が変わってしまって、撮れなくなるまで撮る。撮っても意味がなくなるまで撮る。フィルムの続く限り撮る。」（土門拳『写真作法』より）

と言っている。今はデジタルカメラでカメラにカードを入れておけば枚数など気にしないで撮ることができる。更に連写機能が付いているので、シャッターを押していればカメラが撮ってくれる。ただし、瞬間を逃してしまっては撮ることができない。「この子いいなあ」と思う瞬間にシャッターを押せるよう自分に言い聞かせている。

こうして写真を撮れるのも美濃保育園が表現活動を実践しているからである。感謝しかない。美濃保育園は、１９８８年に先代の雲山文夫園長が、大槻志津江先生を講師に招聘して、表現活動を始めたことに端を発している。大槻先生は群馬県の境小学校で斎藤喜博先生が校長をしている時に学級担任をしていた先生である。私も同じ頃、千葉教授学研究の会の春の合宿研究会で大槻先生の指導を受ける機会に恵まれた。その後は千葉・茨城教授学研究の会合同で春の合宿研究会に大槻先生をお招きして指導していただいた。これも何かの縁かなと思う。それもあって美濃保育園に興味を持っていた。一体、美濃保育園はどんな表現活動を創っているのだろうと考えていた。教師を退職して、時間ができたこともあり、現役の時に取り組んだオペレッタはどうしてうまくできなかったのだろう、何が足りなかったのだろうと今でも考える時がある。それを明らかにするためにも美濃保育園に行きたいと考えた。私にとって美濃保育園に行くということは、オペレッタの学び直しでもある。本書はその学び直しの記録と言っても過言ではない。そういうことを踏まえて，本書を読み進めていただければ幸いである。

目次

二、美濃保育園訪問　第2期（２０１７年６月～２０２０年２月）……97

一、美濃保育園訪問　第1期（２０１５年２月～２０１７年２月）

（1）切り続けるシャッター

２０１５年2月16日～21日公開保育研究会直前練習から

1　訪問記録をまとめるに当たって

私が初めて美濃保育園を訪れたのは、２０１５年2月16日であった。表現活動の写真撮影に先立ち、一度子どもたちに会っておきたいので、16日と17日に訪問した。また、発表会当日は写真撮影は禁止なので、前日の練習を撮ることになった。実際訪問したのは、2月16日と17日、19日、20日、21日の5日間であった。

初めて見る子どもたちの表現活動は驚きと感動の連続であった。子どもたちの圧倒的な表現力と先生方の指導力には感嘆するばかりであった。2月18日は用事があって、一度自宅に戻ったが、結果的にはこれが良かったと思っている。6日連続で美濃保育園を参観することなど到底できることではなかったと思う。それほど美濃保育園の実践は質が高く、私には十分には受け止めきれなかった。しかも21日の発表会の子どもたちの姿が一番輝いていた。それがどういうことなのか考えていきたい。

2　美濃保育園で大切にしていること

(1)　演技は入場から退場まで
(2)　呼吸を大切にする
(3)　基本ステップを身に付ける
(4)　演技は楽しく
(5)　表現は創るもの（一回性）
(6)　生活の中に「お話の世界」がある
(7)　保育士（教師）も表現者
(8)　開かれた職場・開かれた園

(1)　演技は退場から入場まで

美濃保育園の子どもたちは入場する時に、気持ちと体の準備をして、入場して行く。ステップは一斉に同じステップで入場する年齢の学級と自由にステップを使って入場する年齢の学級と様々である。入場する時に担任の保育士が入り口にいて、呼吸を入れてから入場させる。手を床に触れるくらいのところから頭の上の方まで上げていき、子どもたちに息を吸わせる。子どもたちは、入場す

る時にすでにお話の世界に入って行くものと思われる。

そして、演技の終わりは退場まで続く。ステップで退場して行く。「泣いた赤おに」では、先頭の二人が手をつないで退場した。まるで、赤おにと青おにが仲良く退場して行くような印象を受けた。何かほっとするような退場になっていた。最後まで丁寧にステップをしてドアを出て行く子どもたちを見ていると、お話を楽しんだ様子が伝わってきた。

(2) 呼吸を大切にする

入場を見ると呼吸を入れているな、とすぐに分かる。これから始まるお話の世界に自分を連れて行くためにも呼吸を大切にしていると思われる。それも体全体で呼吸をする。そうすると歌っている時も大きく口を開き、声も遠くまで届く。

また、語りをする時も呼吸を入れる。呼吸を入れることで、気持ちも入るようだ。体全体で呼吸

をすると、腕が自然に開いてきたり、動いたりする。指先まで呼吸（気持ち）を入れて柔らかい動きをする子どももいる。言い終わって腕を柔らかく下ろす動きには、言葉を大切にしている感じが伝わってくる。

時々言い終わるか終わらないうちに顔を他に向けたり下を向いたりする子がいるが、その時はお話がとぎれる感じがする。指先やつま先まで気持ちを届かせて語る時、それが次に語りをする子へのバトンの受け渡しになるし、次の動きへの準備になっているものと思われる。

(3)　基本ステップを身に付ける

小さい時からステップを学んできているので、大きい子どもたちは自然にステップを使っている。ウォーキングやスキップ、フォロー、リープターンなど、たくさんのステップを身に付けている。オペレッタをする時は、それらを自由に使って表現をしている。指先やつま先まで気持ちを届かせる子がたくさんいる。そうした子どもの体の使い方はとても柔らかい。音楽が聞こえると自然にそのリズムに合うステップが出てくる。

お互いに見合うことで子どもたちはいろいろなステップを身に付けていくそうだ。

オペレッタの中では、一斉に同じステップを使う時があったり、一人ひとりが思い思いのステップを使って表現したりする。ステップを自由に使えるところが美濃保育園の素晴らしさであり、実践の積み重ねを感じる。

(4)　演技は楽しく

子どもたちは入場する時から楽しそうな顔をしている。オペレッタをするのが楽しくてたまらないという子どもたちのようだ。お話の世界を楽しんでいるかのようだ。活動を見ていると、保育士さんが子どもたちをたくさん褒める。子どもが少しでもいい動きをすると「それいいね」とか、「きれい」などと言って褒める。子どもたちは嬉しくなってさらに頑張る気持ちになるのだろう。そこに表現創りの原点があるようだ。

褒めるということは、保育士さんが子どもたちの良さを見つけているということである。子どもが見えるのだと思う。見てもらっているという安心感が、子どもたちに楽しい時間になっているのではないだろうか。

また、オペレッタをしている時は、友達と一緒に活動している。友達が褒められたり自分が褒められたりすると、自分の良さや友達の良さ、自分や友達の成長を感じるのだと思う。友達と一緒に活動することが楽しくなっているのだろう。

(5) 表現は創るもの（一回性）

今回表現活動を見せていただく中で多い学級で3回見せていただいた学級がある。その3回が一つとして同じものはないような気がした。特に年長になるとそれを顕著に感じた。

一つは配役が何度も代わることだ。前回と違う子どもが語りを言ったり、演技をしたりしていた。「あほろくの川だいこ」では、あほろくを村人が受け入れる場面がある。二人であほろくを迎えていたのだが、本番ではもう一人増やして三人で迎え入れていた。

また、開幕のところで三人の子どもが「人が流されてきたぞー」と村人たちに知らせる場面がある。初めはステージの最前列で子どもたちは叫んでいたが、次の日には、ステージの一番後ろで叫んでいた。その方が声が出しやすいようであった。

また、おばあさんがあほろくに声をかける場面があるが、おばあさん役の子どもがあおほろくに後ろから声をかけていた。すると、園長先生が、

「声をかける時は、後ろからでなく、横からとか前に回って声をかけると、相手に気持ちが伝わるよね」と話した。すると、あほろく役の子も少し体を横に向けて声を聞く仕草をした。

こんなふうに構成が変わったり配役が代わったりするのは日常的なようだ。子どもたちはそれに慣れているようだし、そこに新鮮さを感じたり、創っていく楽しさを感じ取ったりしているのではないかと思われる。

オペレッタをするのは、ゴールが決まっていて、そこに向かって練習していくのではなく、毎回毎回が真剣勝負で、そこで自分を表現することを目標にしているのだと思う。今日の演技が最高のものでも、明日はまた違ったオペレッタの表現があるようだ。それを期待して子どもたちは取り組んでいる。変わることが当たり前のようである。オペレッタの活動は一回性のものであると言ってもよい。変わることは子どもたちが成長することに繋がっているのだと考えられる。

(6) 生活の中に「お話の世界」がある

教室に入ると壁面に大きな王さまの半立体模型が掲示してあったり、子どもたち一人ひとりのおじいさんの絵が飾られていたりする。３歳児の教室には臼の模型があり、そこで餅つきをして遊ぶ。

４歳児の教室には「はだかの王さま」の部屋が作られており、子どもたちは交互にそこに入って王さまの役や家来の役をやって遊んでいる。台詞は毎回変わるそうだ。子どもたちが自分で台詞を作って遊んでいる。そうしてお話の世界を楽しんでいる。それがオペレッタをする時に生きてくるようだ。公開保育の時に、私もネズミの国に行くトンネルをくぐらせてもらったり、餅をご馳走になったりした。子どもたちは大人とのそんなやりとりも楽しんでいるようだ。

(7) 保育士（教師）も表現者

初めて訪問した2月16日は午後の部の表現活動を行っていた。終わって帰ろうとすると、園長先生から「これから職員研修をしますから、見て行きませんか」と声をかけていただいた。ホールで行うと言うので行ってみると、保育士の皆さんが集まって来て、オペレッタの練習が始まった。７日に市民会館で保護者に発表したのだが、園のホールは市民会館と大きさも作りも違うので、オペレッタを作り直しているところであった。

作品は「スーホの白い馬」である。初めて見るオペレッタだが、内容は小学校の教科書にも出てくることがあるので、少し知っていた。それにしても素晴らしいオペレッタであった。ステップはいろいろなステップを使う。語りや独唱も一人ひとりが素晴らしい。時々忘れている台詞があったりするが、みんなで笑いながら進めていく。素晴らしいチームワークである。

これがあるから、あの子どもたちのオペレッタがあるのだなと私の頭の中で二つが繋がった。

(8) 開かれた職場・開かれた園

① 職員研修を見て行きませんか？

先に述べたように、1日目の参観が終わって帰ろうとした時に、園長先生が「この後の職員研修を見て行きませんか」と声をかけてくださったことが、とても嬉しかった。初めて訪れた私に、職員のオペレッタの練習を見て行かないかと誘ってくれたのである。なんと開かれた園なのだろうと思った。

後で考えると、それが私も実践者の一人として迎えてくれていることなのかと思うし、そこに園の基本方針があることを伝えたかったのかとも思った。前にも触れたが、職員がオペレッタをすることで子どもたちのオペレッタができ

ていく。また、それは若い保育士さんを育てることに繋がる。理屈でなく、一緒に表現を創っていくことを通して、若い人にオペレッタ創りはどういうものか理解してもらい、その指導法を具体的に学んでもらっているのだと思う。

② 保護者向け発表会と公開発表会

どこの保育園や幼稚園でも行っているように、美濃保育園でも保護者向け発表会を行っている。今年は市民会館を使って行ったそうだ。それから2週間後の2月21日に一般向け公開発表会を行った。

私が訪問した5日間の中で公開の日の発表が一番素晴らしかった。観客がいることが子どもたちにとって喜びであるようだ。お客さんがいると子どもたちはいつも以上に頑張ってしまうようだ。そこに園の願いがあるのだろう。発表を通して子どもたちの成長を願っている。保護者向けの発表会を通して、子どもたちは成長し、一般向け発表会を通して更に成長しているものと思う。

また、一般の保育士や学校の教師に公開することを通して、自分たちの取り組みを振り返る機会にしているのだと思う。参観の保育士さんにもとても勉強になっているものと思った。午後の研修会では園の先生方と参観者が一緒に歌を歌い、ステップの練習を行った。参観者が実技的に経験することで、美濃保育園の子どもたちの素晴らしさを更に深く受け止めることができるのではないかと思われる。

③　次年度の発表会決定（2016年2月20日〈土〉）

発表会から帰って数日が過ぎて、園長先生からお礼状が届いた。驚いたことにそこには次年度の発表会の期日が書かれていた。一般的には発表会が終わりほっとしているところである。しかし、美濃保育園ではすでに次年度の予定が決められているのだ。

それは、日々成長する子どもたちへの責任の取り方かと思う。発表会をするために表現活動をしているのではない。子どもたちの成長のために表現活動を行っている。発表会が終わっても子どもたちは登園して来る。保育活動の一環として取り組んでいる表現活動は、継続性が必要である。そのためにも次年度の目標を決めることで、新たな出発をしたものと思う。

3　おわりに（瞬間の輝きを求めて）

表現活動が始まると、私はシャッターを切り続けた。次から次へと私のファイダーには素晴らしい子どもたちの姿が入ってきた。撮り切れないほどたくさんの姿がある。子どもたちは瞬間瞬間に美しい姿を見せてくれる。それがどんどん続くのであった。

オペレッタは幼児が取り組むには時間が長いので、ふと気が抜ける時もあるのが子どもである。しかし、どんな子どもでも瞬間的に美しい姿を見せてくれる。その瞬間を狙って、シャッターを切るつもりで美濃保育園を訪問した。

しかし美濃保育園の子どもたちは私にシャッターを切り続けさせる。それほど素晴らしい子どもたちである。瞬間の美しさを超えるような印象も受ける。美濃保育園ではそれだけ素晴らしい実践をしている。そんな表現活動の場に立ち会わせていただいたことに感謝の気持ちでいっぱいである。雲山園長先生、保育士さん方、子どもたちに心からお礼を申し上げたい。ありがとうございました。

〈私の選んだ輝く子どもたち〉

～５歳児による「曲表現」と「あほろくの川だいこ」より～

入場のウォーキングのステップである。上げた左足がつま先まで伸びて美しい。軸足も膝までしっかり伸びている。両腕を柔らかく広げ、指先まで気持ちを届けている。

左足のつま先が床に向かっているところが素晴らしい。一般的に足首が曲がってしまうが、この子の足首はきれいに伸びていてウォーキングの理想的な足の使い方になっている。

⇓

この子は、左足の膝を少し曲げながら、右足を前に出す時に、膝をきれいに伸ばしている。つま先を少し床に触れるようにして、次に右足に体を乗せていくウォーキングをしているものと思われる。腕を顔の前に広げるようにして、上手にリズムを取っている。これも大変美しい表現である。⇦

ポーズをとる時に、両腕を上下にして、左手に気持ちを集めているようである。指先まで気持ちを届けている。目線も指先と同じ方を向いている。両足を交差させると、腰が少しひねられて美しさを増しているように思われる。こんな表現もあるのかと感心する。⇦

ポーズをとっている女の子である。右手の指を開いて、顔の前にかざしている。左手は後ろに伸ばして指先までしっかりと伸ばしている。左手が伸びていることで右手の指先も更にきれいに伸びているようだ。目線が指の先をしっかりと見つめている。表現する子どもの強い意志が伝わってくるようである。

⇐

フォローステップである。つま先で体全体を支えながら、少しずつ移動していく。つま先と指先に気持ちを集中させている。中指を曲げて更に美しい表現をしている。この子は左腕を横に広げているので、表現が大きく見える。右手が移動の方向を決めていくものと思われる。腰と膝が伸びているので、とても美しい表現となっている。

⇐

手前の女の子の立て膝の姿勢に驚いた。大抵は膝を立てた場合、足の裏を床に付けるが、この子は、踵を上げ、指先だけ床に付けている。ここまで気持ちを届かせているのかと感心する。背中が伸びてきれいである。床に付けた右膝から頭まで1本筋が通ったかのようにきれいに伸びている。⇐

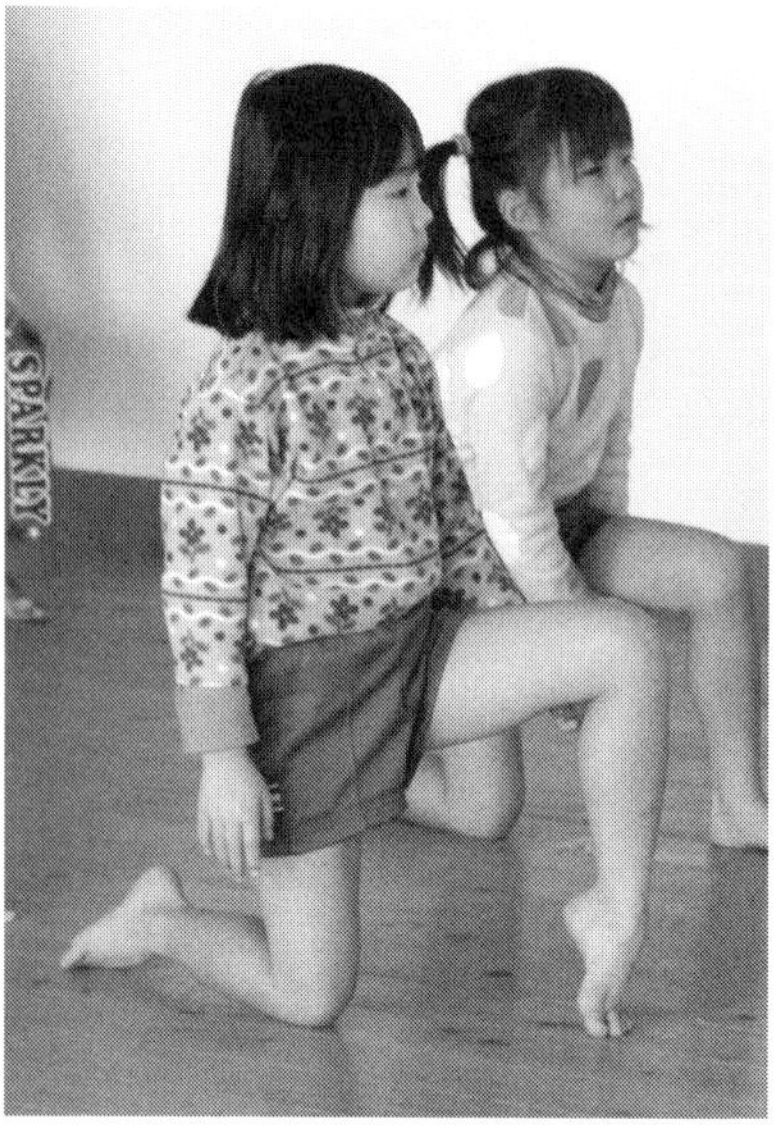

しゃがんで下を向くポーズは表現活動でよくあるポーズである。しかし、この子は下を向いていても指先で表現している。顔の表情は見えない。気持ちを指先まで届け、表現しているのである。ものすごい集中力を感じる。指先で思いを語っているようだ。⇐

正面を見ながら右手に移動する女の子。腕を開いて、顔は正面を向いているので、観客に語りかけている印象を受ける。しかし、足は右手に向かっている。腰をひねることで移動が可能になる。こういう柔らかい動きを自然にできるところに美しさを感じる。⇦

この子は、横に走るように移動している。腕を横に開いて、手のひらは下に向けている。腰は観客の方に向けている。体の使い方がとても柔らかい。腕の使い方も柔らかい感じがする。目線は走る方に向いていて、とてもきれいである。⇦

二人の体の使い方は対照的だが、それが立体感を感じさせる。手前の子は、低い姿勢で下から押し上げるような感じであり、後ろの子は、立った状態から前に押し出そうとしているように感じる。手前の子は，膝を深く曲げ、足を前後に大きく開いている。手のひらは前に向いている。後ろの子は，体を後ろに引き，腕は手のひらを中に向け、これから力（気持ち）を前に出そうとしている。浮かせた右足はつま先まで伸びていてきれいである。それが次への動きを感じさせる。異なる動きが表現に深みを持たせている。⇐

ソロを歌う女の子。体全体を使って歌っている。腕を少し開き、足は少し前後に開いている。左足はつま先がかすかに床にふれる程度に、踵を浮かせている。前後にリズムを取っているのだろうか。こうして体全体を使うことで声も柔らかくなり、伸びのあるいい声になると思われる。口も大きく開けて歌っていて、きれいな声が出るものと思う。⇐

「どんどどん、どんどどん！」川太鼓を打つ歌である。「気持ちを精一杯出して歌う男の子。口を大きく開けて、拳を前に出して歌っている。気持ちを届けたい相手が、明確にあるのだろうと思われる。目線も対象にしっかり向いている。

⇑

（2）学びが伴うステップ大会
２０１５年12月４日・ステップ大会

昨年（平成27年）の12月４日に美濃保育園でステップ大会があった。園長先生にお願いして、参観と写真撮影をさせていただいた。２日から４日まで訪問した。２日の午後の練習と３日の午前・午後の練習、そして４日のステップ大会を見せていただいた。ステップ大会の内容は園内の園児同士のステップの発表会と練習会であった。大会を振り返ると次のようなことが印象に残った。

１　ステップの発表

２歳児以上の園児が学年（年齢）ごとに発表を行った。取り入れているステップは各年齢によって異なる。

２歳児はステップというよりも、教師のお話に合わせていろいろな動きを楽しむ段階という印象を受けた。

ある場面で、「熊さんが寝ているよ。起こさないようにそうーっと歩こうね」と先生が言うと、もう一人の先生が中央に熊さんになって眠った。子どもたちは、音を立てないようにそうーっと歩く。熊さんが寝返りを打ちながら動くと、子どもたちは後ずさりする。それを何回か繰り返して、最後に熊さんが起き上がると、子どもたちは逃げる。この時は一生懸命走る。こうした動作を通して、子どもたちは様々な動きを身に付けていくものと思われた。そして、お話の世界を楽しみながら、体を使って表現することを学んでいる。

また、こんな場面があった。先生が子どもたちに話しかけている時に、一斉に子どもたちが先生の方を向いて話を聞くのである。活動しながら、声をかけられた時に、こんなことができるのだろうか。２歳児で、聞くことができる子どもに育っているのである。

３歳児はステップができるようになってきて、一生懸命覚えようとしていた。スキップでは膝を高く上げてリズムを取っていた。また、腕を広げてスキップやホップをしていた。先生からは「腕に風船を抱えるようにするといいね」という声かけがあった。また、ホップで腕を上げる時に、目線も大切だと子どもたちに話していた。顔よりも上の方を見る子どもの表情が美しくなったように感じた。

４歳児はたくさんのステップを覚え、曲に乗っ

てステップを次から次へと変えて表現していた。深く呼吸をして、ピアノの音に合わせて入場して行く。ホップやギャロップ、フォローなど、流れるようにステップが変わっていく。リープターンをした時には、4歳児でここまでできるのかと驚いた。ステップの順番を覚え、全体の構成に合わせた動き方や自分の行く場所も覚えるのである。それを4歳児が行っていることに驚きを覚えた。

年長（5歳児）さんは、一つひとつのステップが4歳児よりも柔らかく流れるような印象を受けた。リープターンも全体がそろっていて、ジャンプする時も、4歳児よりも高く跳んでいた。リープターンは、1・2・3・4（ターン・ターン・タタタタ・タンタン）のリズムの4でジャンプするが、1・2・3の時の腕の振りが大きく、左右の足への体重移動がしっかりできている。そのために、表現が大きく見える。

5歳児は40名近くいるので、大勢で表現する時には、ホールが狭く感じる。それでもぶつかるこ

ともなく表現している子どもたちである。お互いに周りの子どもの動きを敏感に感じ取っているものと思われる。それにも感動するのであった。

美濃保育園で取り入れているステップは次のようなものであった。

ウォーキング、ツーステップ、スキップ、ホップ、ギャロップ、リープターン、ピボット、フォロー、ヒール&トゥー、スリーステップターン等。

2　代表園児の模範ステップ

発表の後、学級の中で上手にステップができている園児に、みんなの前で模範ステップをしてもらっていた。その後、時には男子全員、時には女子全員、そして、ある時には学級全員で練習していた。模範ステップは一つとし、模範ステップをする子のどこがいいかを紹介し、他の園児に広めていた。模範ステップをする子は良いところを褒められるので、その場でさらに良くなっていくように感じた。

２歳児はスキップを行った。膝が高く上がり、リズムが上手にとれている。先生にそのことを褒められると、さらに頑張ってきれいにスキップをする。ピアノに合わせてスキップするが、何回もやっていると相当な運動量になると思う。体力も付くのだろうと思った。周りで見ている子どもたちも目の前でステップを見るのでとても分かりやすい。その後みんなでもう一度スキップをしていた。一生懸命取り組んでいた。

３歳児はホップを練習した。ふわりふわりと膝を上げていく。腕を内側から外側に回すように振り上げると、体も引き上げられて動きが大きくなる。そして体の使い方が柔らかくなっていくようであった。

また、年上の園児が模範ステップを行い、その後、年下の園児が一緒にステップを練習するということもあった。年上の子どもたちと一緒にステップをすると、子どもたちはたちまち上手になっていくのが目に見えて分かる。もちろん大きい子はお手本になることでさらに集中して演技をし、ステップが磨かれていく感じがした。お互いに高まっていくのであろう。

こうしたことは、みんなが集まる大会だからこそできることかと、感心して見せていただいた。ここに美濃保育園の表現活動の本質があるのだと思った。お互いに認め合い、高め合い、学び合う集団が育っている。

3　5歳児のオペレッタ「子どもの世界だ」

ステップの発表が終わると、スペシャルで年長（5歳児）の子どもたちがオペレッタ「子どもの世界だ」を発表した。ステップも語りも歌もどれも素晴らしい。中にはまだ自信を持って表現できない子もいるが、全体としてはとても素晴らしいオペレッタである。

フロアー全体を所狭しと動き回り、歌はホール全体に響き渡っていた。小学生が歌っているのではないかと思うくらい迫力のある歌声であった。息をしっかり吸い、体全体で歌っているからできることである。

12月の段階で、ステップ表現とオペレッタの二つの表現活動を創り、発表できてしまうこの子どもたちは本当に素晴らしい子どもたちである。5歳児の子どもたちにはより高いものを求めるとともに、年下の子どもたちに発表することで自信を持たせることができると思われる。年下の子どもたちには自分たちもオペレッタに取り組みたいという意欲を持たせることができていると思う。

5歳児の子どもたちには、2月の発表会で学級ごとにオペレッタに取り組むという更に高い目標がある。5歳児は2学級あるそうだ。2月の発表会では、それぞれの学級のオペレッタを見ることができると思うと、とても楽しみである。近くにいた子に「今度は何をやるの」と聞くと、「『大工と鬼六』だよ」と嬉しそうに教えてくれた。

4 職員のオペレッタ「スイミー」

更なるスペシャルは、職員がオペレッタ「スイミー」を発表したことであった。私が前日に見せていただいた時は、台詞や歌を間違えたりしていたが、発表の時はそんなこともなく素晴らしいオペレッタであった。一日でこんなにも変わるものかと驚くばかりであった。それだけ先生方の質が高いということである。忙しい中で時間を見つけ、集中して練習をしているようである。

入場の時から先生方が楽しそうに入って行く姿が私を引き付けた。10名程度の人数だが、もっと

たくさんいるように感じさせる。一人ひとりの先生方の存在感が大きいのだと思う。

ステップも体を柔らかく使い、つま先から指先まで神経を行き届かせて表現している。全体をそろえる時と一人ひとりが自由に表現するところが明確であった。合唱も素晴らしい。ホールに響き渡る声には吸い込まれそうになる。

職員が取り組むオペレッタは、全園児にオペレッタの模範を示すとともに、年長の子どもたちには、さらに高いものを目指そうという意欲を持たせているように思える。

また、職員がオペレッタに取り組むことにより、自分たちの表現力と指導力をさらに高めているように思われる。そして、若い職員にはオペレッタ（表現活動）に取り組むことで、表現活動の理解を深める機会になっている。教師教育を実践を通して行っていると言えるであろう。

5　ステップ大会は授業であり研修の場

ステップ大会と言うが、そこで行われていることはステップの学び合いであり、授業そのものである。非常に質の高い授業である。そして、教師にとっては実践的な研修の場となっている。園児が模範ステップをする時に、園長先生が先生方に、「この子にどんなことを言ったらいいかな。何て言ったら、さらに良くなるだろう。だれか言ってみて」と求めた。これこそ、実践的研修であると思った。とても印象的な場面であった。

〈おわりに〉

昨年の2月の発表会に参加させていただいた時に、園長先生から秋にステップ大会をやっていることをお聞きして、ぜひ見たいと思っていた。大会なので、お互いにステップを見せ合うことは予想していたが、このような会を行っているとは想像していなかった。発表会に向けてこのように段階を踏んで取り組んでいるからこそ、2月のあの

素晴らしい発表会があることが分かった。そして、美濃保育園の表現活動の質の高さがここにあるのだと思った。また、こういった活動を通して子どもたちの心を育てていることも理解できた。友達と協力したり友達の良いところを認めたりする心や自分を精一杯出し切ろうとする心など育まれているものと思う。

表現活動に取り組んでいる先生（保育士）なら、どうやって美濃保育園は表現活動に取り組んでいるだろうと知りたくなるものと思う。私もその一人である。今回こうして参観させていただいて、その一端に触れることができた。

（3）表現は楽しく、美しい！

2016年1月18日～20日公開保育研究会直前練習から

2016年2月18日から20日までの3日間、美濃保育園を訪問した。20日が公開保育研究会であり、それに参加するための訪問であった。しかし、私の大きな目的は、前々日から訪問しオペレッタの練習の写真を撮らせていただくことにあった。今年で2回目の訪問となる。

日程の関係で今年は0歳児から2歳児までの練習は見ることができず、写真も撮れなかった。17日から訪問したいと思ってもいたが、それも都合でかなわなかった。もちろん公開研究会当日は0歳児から2歳児の表現活動も見せていただいた。素晴らしい表現活動であった。

ここには、18日と19日の表現活動から学んだことを中心に書いていくことにする。

1　歌うことについて

美濃保育園の子どもたちは、とにかく良く歌う。息を大きく吸い込み、体全体を使って歌う。体全体でリズムも取っている。歌うことが楽しいと感じさせてくれる。

写真を見ると分かるが、体を左右に揺らしながら歌う時は、体重がどちらかの足に乗る時がある。反対の足には体重が乗っていないために、つま先が床に軽く触れる程度になる時がある。その足がとてもきれいである。

５歳児「火い火いたもれ」

５歳児「子どもの世界だ」

また、胸を開いて歌うために、腕を開いて歌ったりもする。その動きも美しく見える。そして、視線がいい。歌詞の内容をイメージしているので、登場人物に思いを寄せたり、情景を思い浮かべて歌うからか、視線を遠くに向けているように見える。その視線の先に、「おむすびころりん」のおじいさんやねずみさん、「三まいのおふだ」のこぞうなどがいるのだろうと思われる。その視線と表情、そして、体全体が美しい。

2　ステップを生かす

美濃保育園の子どもたちがたくさんのステップを身に付け、それを生かして表現活動をしていることは、冬の合宿研究会でも報告した。今回の参観で見たものを紹介すると、例えば、ヒール&トゥーを使う場面を考えたい。

5歳児の表現で考えると、全体の自由表現をしている時に、たまたま目の前に居合わせた友達とごあいさつをするように、ヒール&トゥーを使っていた。また、少し自由表現をし、今度は全員が前に向かってヒール&トゥーを行っていた。これはお客さんに向かってごあいさつをしているように見える。

オペレッタ「子どもの世界だ」では、グループで分かれて表現をする時に、後方の階段近くにいる子どもたちがヒール&トゥーを行っている。

このように美濃保育園の子どもたちは場面場面でステップを自由に使っている。ステップが体に染み付いているのだと思う。

５歳児「手ぶくろを買いに」

５歳児「手ぶくろを買いに」

3　お話を創り、お話を楽しむ

美濃保育園の子どもたちはオペレッタのお話の世界を創り、楽しんでいるようだ。その楽しい様子は、子どもたちの身体表現から十分伝わってくる。全身を使って声を出して、語ることがあるし、体を大きく動かして、お話の世界を表現したりする。膝を腰よりも高く上げて、喜びを表すこともある。子どもによっては、胸や肩の高さまで膝や足を上げることがある。躍動感が伝わってくる。それは登場人物になりきって、登場人物の思いを表現しているからであると思う。「ゲッタ　ゲッタ」と鬼六になって歌う子どもたち。体を使うことが楽しくてたまらないという表現になっている。

「子どもの世界だ」では、鳥さしとの戦いに勝ち、鳥さしも仲間に入って来る場面がある。「僕たちが勝ったんだ」と声をあげ、「子どもの世界の誕生を私も祝っておりますよ」と鳥さしが歌う。それを喜びの歌にして、「ワッショイ

3歳児「三まいのおふだ」

５歳児「子どもの世界だ」

５歳児「子どもの世界だ」

ワッショイ　子どもの世界だ」と歌い、踊る子どもたちの表現がある。表現することが楽しくてたまらないという子どもたちの姿がある。

このように子どもたちは、体を使うことを楽しんでいるようにも思える。友達と一緒に表現することも楽しいのではないだろうか。それはお話を創っているとも言えるのではないか。お話を楽しんでいるとも言えるし、お話の世界を生きているとも言えるのではないだろうか。

4　対応

オペレッタを創っていく時、登場人物や背景となる人物との対応が必要とされる。お話によっては、登場人物同士の対立場面にも見えるが、それも演じる子ども同士の対応が必要である。

例えば、「三まいのおふだ」のおにばさとこぞうとのやりとりや「子どもの世界だ」のことりたちと鳥さしの戦いの場面がある。それぞれに人物同士の距離感や動く速さや方向など、対応した時に、表現が成り立つ。美濃保育園の子どもたちはこれらのことを当たり前のように行っている。しかし、これは決して簡単なことではない。自分の学級でオペレッタに取り組んだ人なら経験があると思う。私もなかなかうまくいかなくて悩んだことを覚えている。

写真（次頁）の子どもたちは、一対一で対応しているところである。男の子と女の子がお互いに体を相手に向けて動いている。男の子も女の子も腕や膝を柔らかく使い、お互いに対応し合っている。また、下の写真は、自由表現をしている時に、他の子のすぐそばに近づいているが、それでも子ども同士がぶつかることはない。とっさにお互いに対応し、自分の表現をしながら、相手を避けて動いている。とっさの判断力と決断力が必要である。こんなことを5歳児が行っているのかと思うと驚く

５歳児「手ぶくろを買いに」

５歳児「子どもの世界だ」

ばかりである。

　練習の途中でたまにはぶつかってしまうことがある。そんな時には泣いたりする子もいる。気づいた相手の子が謝ったり、気づいた先生が諭して、謝ったりして、落ち着く。ひとしきり泣くと、また集団に戻って行くのである。こういうふうに子どもたちは、人間関係づくりを身に付けていっている。そこでも子どもたちは成長していっているのだと思う。

5　学び合い

　5歳児の曲表現の時のことであった。ホップをとてもきれいに跳んでいる女の子がいた。先生は、子どもたちを止め、その子にみんなの前で一人でホップをしてもらった。つま先まできれいに伸びた足は、お手本として十分な表現になっていた。こうして子どもたちが高まっていく。

「手ぶくろを買いに」に、人間のおかあさん

5歳児「曲表現」

５歳児「手ぶくろを買いに」

５歳児「手ぶくろを買いに」

が子どもに子守歌を歌う場面がある。

みんなで表現している時に、男の子がとても上手に腕を使って子守歌を歌っていた。お母さんが優しく赤ちゃんを抱きながら、子守歌を歌っている様子を上手に表現していた。すかさず、先生はその子にみんなの前でやってもらった。それを見た子どもたちは、その後みんなで練習をすると、どんどん変わっていった。写真（前頁）の女の子も男の子の表現を見てから、変わった子の一人である。

6 表現の輝きと美しさ

今回の訪問でいくつもの美しい表現を見つけた。見つけたというよりは、私に見えてきたと言っていいのではないかと思う。柔らかい腕の使い方や体を開き、指先からつま先まできれいに伸ばした美しい子どもたちの姿である。腰もよく伸びていて、隙のない表現と言える。

そんな中で、視線を床に向け、かがんで表現している子どももいた。よく見ると、二人とも、床に着いた前の足の踵が少し浮いている。たまたまなのであろうか。私には二人とも、踵を浮かすことで、次の動きへの準備をしているように見えるのである。こんなところにまで気持ちを届かせているのだと思う。ものすごい集中力である。だから、後ろ姿や伏せた姿勢でも美しく見えるのだと思う。指先や背中で表現できる輝く子どもたちである。

５歳児「子どもの世界だ」

５歳児「火い火いたもれ」

５歳児「火い火いたもれ」

5歳児「子どもの世界だ」

5歳児「火い火いたもれ」

（４）指揮は表現そのもの！

２０１６年６月15日・第三水曜の会

美濃保育園は毎月公開の研修会を行っている。第三水曜日に開催されるので、第三水曜の会と呼ぶそうだ。６月の第三水曜の会は15日に開かれた。私は、14日の午後から美濃保育園を訪れた。第三水曜の会に参加するには、前日に行かないと間に合わないからである。

美濃保育園では、その練習風景を公開してくれた。すべての年齢の子どもたちの活動が公開された。また、午後には職員研修が行われた。子どもたちが取り組んでいる歌を歌いながら、指揮の練習を行った。参加者は職員と第三水曜の会会員の平田治先生と綿引弘文先生、そして、山﨑であった。

美濃保育園では、７月に七夕まつりに保護者を招待し、歌の発表を行うそうである。６月の第三水曜の会では、その練習風景を公開してくれた。

そこで歌われた曲名は次のようなものであった。

２歳児と未満児（ひよこ）「ことりのうた」「ゴリラのうた」

年少（もも）「かたつむり」「雨だれさん」

年中（たんぽぽ）「８８８８ひきのはち」「まりとのさま」

年長（すみれ）「汽車ぽっぽ」「しゃぼんだま」

子どもたちは、もちろん入場をステップで行う。歌と歌の間にもステップの練習も入る。全体としては、表現活動である。子どもたちは一生懸命取り組んでいた。先生方もそうである。今回参加して、美濃保育園では、表現活動を1年間を通して取り組んでいることを目の当たりにすることができた。こうして子どもたちの表現力が育っていることが分かった。

また、午後の職員研修では、職員と参加者で歌を歌いながら、担任全員が指揮をした。ピアノ伴奏も職員が交代で行っていた。こんな研修があるものだろうかと驚いた。学校だと、代表者が授業研究を行い、それを放課後検討するのが、通常である。時には、職員相手に模擬授業を行うこともある。しかし、美濃保育園では、全職員が交代で指揮を行い、その場で助言を受け、指揮をしながら学んでいる。素晴らしい実践である。

子どもたちの表現活動の公開に先立って、保育指導案をいただいた。内容とねらい、そして、言葉がけが記入されている。例えば、年中の「88 8 8ひきのはち」の歌では、ねらいは、「『はち』という言葉を大切にして歌う」ことである。言葉がけには「みんなの心を一つにして、ねじく

まをやっつけるよ！」とか「はちまきをしっかりしめてね！」などが書かれている。こういう計画のもとに、歌の指導が行われるのである。指導案をいただいて驚いてしまった。ここまでして、表現活動に取り組んでいる先生方に頭の下がる思いがした。

子どもたちの表現練習は公開なので、先生方もお互いに時間を割いて、参観に来ていた。参観と言っても、練習の途中で、必要があれば支援に回る。一緒にステップを行ったりもする。年長さんがワルツの練習の時に、うまくリズムが取れない子が多いので、参観の先生方全員が子どもたちと手をつないで、ワルツを練習していた。こういう対応が自然にできるのが美濃保育園の先生方である。ここが、美濃保育園の素晴らしいところである。職員みんなで子どもたちを育てているのである。言葉だけでなく、実践でそれを示している。日常的に行われているからできることだと思う。

職員研修では、歌を歌いながら、園長先生や参加者の平田治先生と綿引弘文先生からも助言があった。ただアドバイスするのでなく、身振り手振りで指導があった。二人の先生も指揮をしているように感じられた。また、他の先生方も歌いながら、一緒に指揮をしているように見えることがあった。そして、気が付いたことは「ここはこんなふうに歌うといいのかな」とアドバイスしていた。

子どもたちの表現練習と職員研修の写真撮影を通して、気が付いたことがある。指揮が表現になっていることである。指揮というと拍を取りながら、曲の強弱やテンポを取ることが多いと思っていた。しかし。美濃保育園の先生方は、拍を取るだけでなく、呼吸の指示をしたり、曲の内容を先生方自身の全身で表現しているように感じられるのである。

考えてみれば、子どもたちは０歳児から５歳児までいる。小さい子どもたちは言葉もあまり通じないこともある。そんな時、先生が体全体で表現することで子どもたちの表現を引き出しているものと思われる。顔の表情も大切である。

ベテラン教師の大野ルミ子先生の指揮の様子を写真でまとめてみた。先生の多彩な表現が子どもたちを引き出していることが十分想像できるのではないだろうかと思う。表情が豊かで、身体の使い方が自由自在である。それを見ていたら、子どもたちが、表現活動が楽しくなり、自分も体全体を使って表現するようになるのではないかと思う。

この研修は大変厳しいものである。その場で問題を指摘され、解決を求められる。思うようにできない時もあるものと思う。しかし、こういう研修を行っているから、一人ひとりの先生方が、指導力を高め、職場全体が高まっているのだと思う。そして、子どもたちは、職員全員に見守られながら、のびのびと生活し、自分を解放し、成長していっているのだと思う。

大野ルミ子先生の指揮から

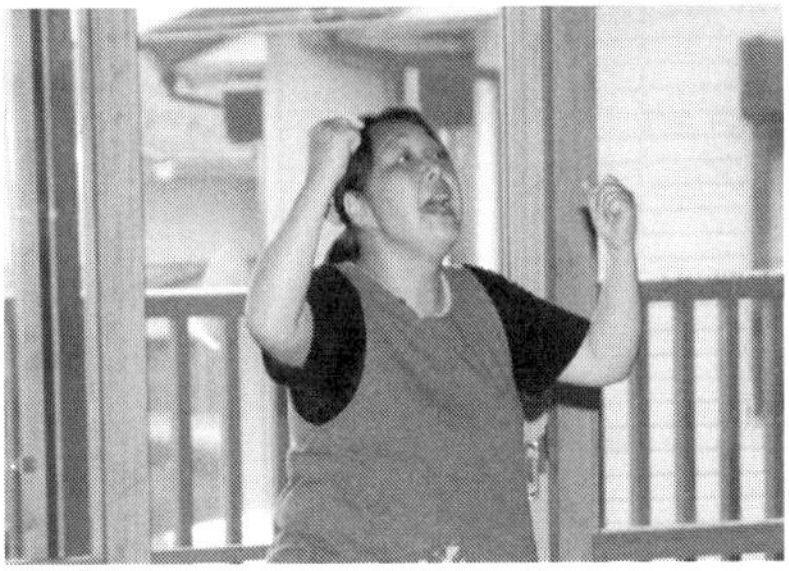

千葉・茨城授業を学ぶ夏の合宿研究会より

（2016.7.30）

〈大野ルミ子先生の指揮について〉

夏合宿で参加者に大野ルミ子先生の指揮の写真10枚を見て好きな（良いと思う）ものを選び、その理由を述べてもらった。

・指揮をやっているのに飛んでいる人を見たことがない。曲の終わりのところかな。気持ちが良く出ている。

・表情がはっきりしている。
・動きが大きい。
・子どもの前に立って、表情がはっきりしていて良い。

・手のふくらみ、肩から腕が伸びてきて、指の先まで先生の思いが出ている。
・目と手の一体感がある。つながりがある。

・歌い手が歌いやすいのが良い。
・流れがスムーズで息を吸ってと言っているようだ。

（5）学び合い高め合う子どもたち
2016年11月29日～30日・ステップ大会

平成28年11月30日に美濃保育園でステップ大会があった。私は前日の29日から訪問して、10時頃から練習を参観し、夕方から職員のオペレッタの練習も見せていただいた。30日は朝からステップ大会を見せていただいた。そして、両日とも写真を撮る機会に恵まれた。

1．リズム表現が表現活動の始まり

「あれっ、熊さんが寝ているよ。起こさないようにそっと行こうね」と言う先生の言葉に子どもたちは静かに歩いて行く。「あれっ、起きちゃったよ。逃げよう！」と先生が言うと、子どもたちは走り、「熊さん、裸足で寒そうだね。靴下を編んであげようか」と投げかけると、「糸まきまき」の歌に合わせて、糸巻きの表現をする。写真1の男の子は、先生の言葉に夢中になって反応している。周りの子どもたちもそうである。写真4の女の子は、熊に立ち向かっているのであろうか。顔の表情も含め全身で表現している。

そんなふうに表現していく1～2歳児の子どもたちは、とても表現力豊かだった。お話の世界にすっかり入り込み、お話の世界に生きている印象を受ける。こうした表現が成長とともに、「曲表現」や「歌表現」そして、オペレッタへと発展していくのかと成長過程が見えるようである。

写真1

写真2

写真 3

写真 4

１歳から２歳の子どもたちがこんなにも表情豊かに表現活動をし、体を使っている。私には、今までここまでは見えていなかった。１歳児だとようやく歩き出した子がいたり、走ることができるようになったりする子がいる年齢である。歩くことができたり、走ることができるようになったりすることに喜びを感じる年齢である。そこにお話が加わったり、音楽が付いたりしたら、歩くことや走ることの内容が膨らんでいく。そこから表現が生まれていくのだと思う。美濃保育園の子どもたちは、日々の生活の中で表現に触れ、成長している。

2．4歳児がこんなにも集中し柔らかい表現をする

子ども同士学び合いながら、ステップの技術を高めていく姿は、小学校でも理想とする「求める子ども像」と言える。一人の子がお手本のステップをし、それを他の子どもたちは見ている（写

写真５

写真 6

写真 8

写真 7

真５）。そこには緊張と集中がある。足の先から指の先まで気持ちを届けて表現をする。それでいて柔らかい体の使い方である。お手本の子どものステップを見た後、全員でステップを行う（写真６）。これが年中の子どもたちの姿かと目を疑ってしまう程の学ぶ集団である。一人ひとりお手本の子のいいところを学び、自分のステップに取り入れていく。そして全体が成長していく。

また、場面場面で、自分の表現をする。（写真７）の子は手を上に向け、腕を柔らかく開いている。腰をひねりながら、足を交差させて移動していく。右足の足首の使い方がとても上手である。（写真８）の正面にいる子は、つま先まで足を伸ばし、左手を上に伸ばしている。指先まできれいに伸びている。体の線が１本になっている。目線もしっかりと指の先を見ている。美しい姿である。これが４歳児の表現である。

３．体に染み付いたステップと対応力

（写真９）の子どもたちは、先頭を切って入場して来た子どもたちである。膝を柔らかく使い、軽い足取りで入場して来て、全体をひっぱっている。（写真10）は、中央の女の子が背中を向けている男の子とヒール＆トウをしているように見える。膝を柔らかく使いながら、腕を斜めに開いて、とてもきれいである。（写真11）は手前の子が膝を少し曲げながら、腕を少し開いている。この子に対応するかのように、後ろの女の子が体を前の子に向けている。きれいに対応している。（写真12）の一番手前の子は腕を斜め上に開くように上げ、前に跳ねながら、左足を後ろに大きく跳ね上げている。躍動感のある表現である。

年長の子どもたちの体にはステップが染み付いている感じがする。一人ひとりが音楽に合わせて自

写真 9

写真 10

写真 11

写真 12

由自在にステップを使い、表現を繰り広げる。みんなで同じステップをする時があれば、一人ひとりが自分の表現をする時がある。そして、常に友達と対応している。

4．年長の子どもたちに学ぶステップ大会

今年のステップ大会は小さい子どもたちが年長の子どもたちから、4種類のステップを学ぶ大会となった。0歳から1歳児は、風邪で欠席の幼児が多いため、不参加となってしまった。いずれのステップも年長さんの代表が先にお手本のステップを披露し、それを見た小さい子どもたちが練習をするという流れで進んでいった。時には、年長さんが手をつないで、小さい子どもたちをリードする場面もあった。これができるのが、美濃保育園である。

〈練習したステップ〉

スキップ、ツーステップ、ホップ、ワルツ

(1) スキップ

2歳児が年長さんのお手本を見て、一生懸命スキップををしようと頑張っている（写真14）。発達の違いが大きく、膝の上がらない子どもがいるのが2歳児である。それでもリズムを取ろうと頑張っている子を見つけ、みんなの前で紹介する先生方であった。比べるのでなく、発達に応じて成長を促す指導があるのが、幼児教育である。ここには、教育の本来の姿がある。

中には上手にリズムを取って、膝の上がる子どももいる。走れることがうれしくて、更にスキップというリズムに乗ることを楽しんでいる子どもたちである。膝を上げるだけでなく、腕を開いてスキップしている姿がなんとも可愛らしい。すでに表現をしているかのように見える。

年長さんのお手本　写真 13

写真 14

写真 15

写真 16

（２）ツーステップ

お手本の年長さんの二人が良くそろっている。それを見た３歳児の子どもたちが一生懸命に練習している。ツーステップは前に出す足よりも、それに連れて出す次の足のリズムが難しい。この時は、年長さんが年少の子どもたちの手を取り、一緒にステップを踏むことで、リズムの取り方を教えていた。園の体制がこういう学びを可能にしている。

年長さんのお手本　写真17

写真18

写真 19

写真 20

（３）ホップ

ふわりと体を吸い上げるところがとても美しいステップである。年長さんの体の使い方を見て、年中さんも体をふわりと浮かしている。とても柔らかい体の使い方ができている。つま先まで足がきれいに伸びている子は、美しさを増している。（写真23）の子は、足首からつま先まできれいに伸びている。目線も斜め上に向け、しっかりと表現している。（写真24）は男の子たちである。手前の子は、右足に体重をのせて、左足をつま先までしっかり伸ばしていて、とてもきれいである。

年長さんのお手本　写真21

写真22

写真 23

写真 24

(4) ワルツ

ワルツのリズムは易しそうで、難しいステップである。大人でも取りづらいリズムである。お手本の子どもたちは、その場で、お互いに対応しながらワルツを踊っている。素晴らしい子どもたちである。それを見た年中の子どもたちも上手にワルツのリズムを取っている（写真26）。写真27の女の子は自分のワルツを創っている。腕に何かを抱えるような動きをしていて、お話の世界を表現しているようである。ステップの練習の中でこういう表現をする子どもたちが美濃保育園にはたくさんいる。最後は男女がペアを組んで（写真28）ワルツのステップを練習した。この方がより楽しくワルツを踊ることができる。

年長さんのお手本　写真 25

写真 26

写真 27

写真 28

5. 4人の「つうう」（若手の4人）

写真は先生方が、オペレッタ「つるのおんがえし」を練習しているところである。場面ごとに4人が交代で「つう」を演じている。一人ひとりが自分の「つう」を表現していて、美しい「つう」の世界が表されている。

4人は1年目から3年目の若い先生方である。1年目の先生の場合、先生として子どもたちの前に立つようになってまだ1年も経っていない。それでもこれだけの表現ができる。日々の子どもたちとの表現創りでは苦しみの連続と言っても過言ではない。それを支えているのは、園長先生と先輩の先生方である。そして、子どもたちも先生と言ってもいいのであろう。

写真29

写真 30

写真 31

写真 32

6. 若手を支えるる中堅・ベテランの先生方

中堅とベテランの先生方は百戦錬磨の方々である。子どもたちの可能性を引き出し、良さを見つけ、褒め更に伸ばしていく。それは練習を見ているとよく分かる。「つるのおんがえし」の練習では、ベテランの先生が「私ここできない」と言って何度でも繰り返し歌っていた。若い先生方からはなかなか言い出せない。自分の姿で若い先生に学び方を示していると思われる。

また、ピアノ伴奏者の鈴木先生が新採の先生（保育士）に歌の特訓をしてる時に（写真39）、ベテランの先生が さりげなくピアノの側に行き、一緒に口ずさんだりしていた。園長先生自らも表現を交えて若い先生に助言をする（写真40）。こうして、全員で若い先生方を育てているのが、美濃保育園である。教師教育のあるべき姿がここにはある。

写真 33

写真 34

写真 35

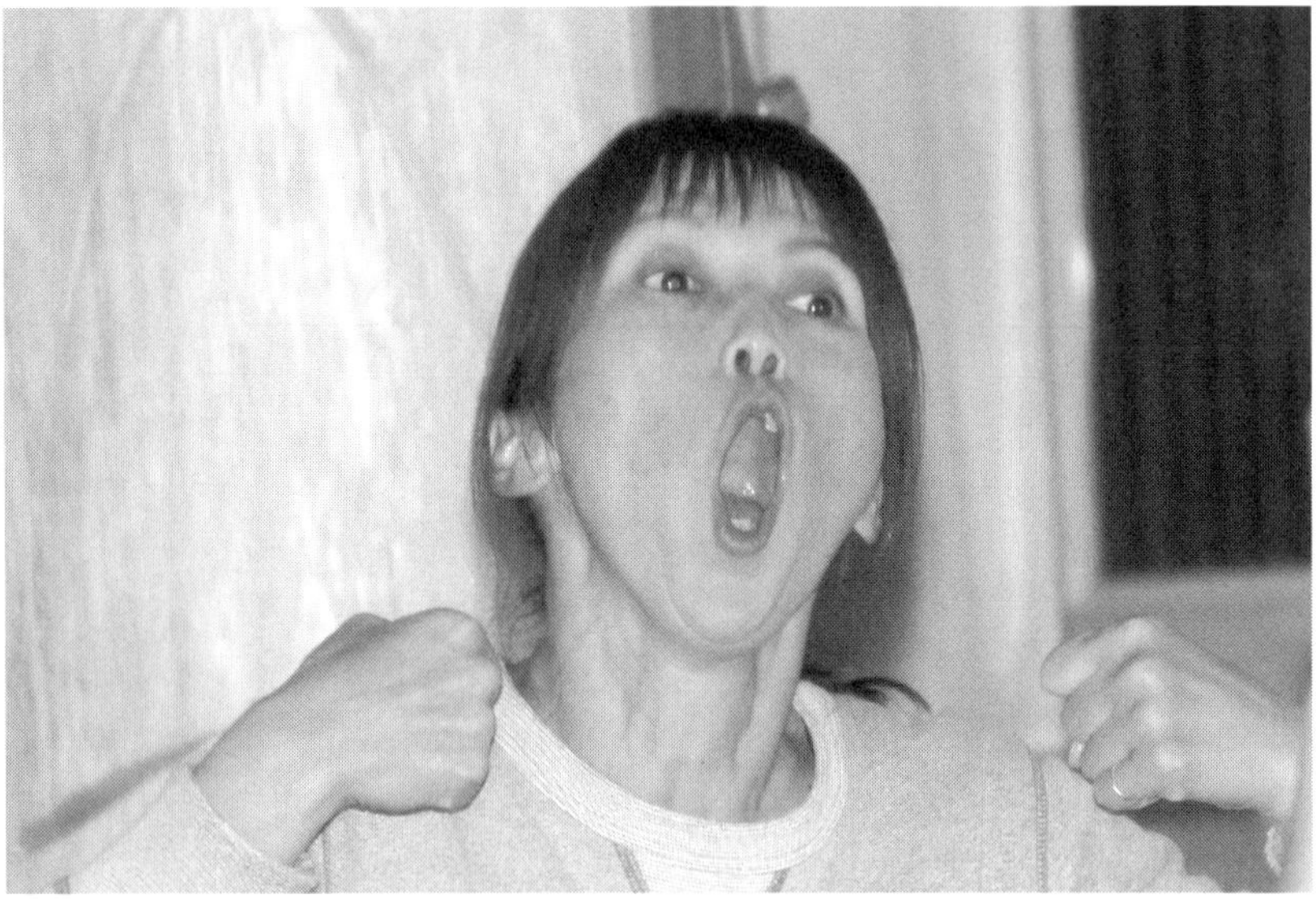

写真 36

写真 37

写真 40

写真 38

写真 39

（6）心を引き付ける表現活動

２０１７年２月16日公開保育研究会直前練習から

美濃保育園の公開保育研究会に参加するのは、今年で３回目になる。今年も公開の２日前から参観させていただいた。今回の公開保育研究会でも素晴らしい子どもたちに出会うことができた。体全体を精一杯使って歌い、表現し、指の先、足の先まで神経を行き渡らせ、表現している子どもたちは、本当に美しい姿を見せてくれた。以下に私が撮らせていただいたたくさんの写真の中から選んだものをいくつか紹介したい。

写真１　曲表現「くるみ割り人形」５歳児

お散歩の途中でお芋掘りをした。鍋で芋を煮ている間に、「なべなべそこぬけ」の歌を歌いながら踊る子どもたちである。体全体で歌っている。⇐

写真２　リズム遊び「お散歩に行ってみよう」０・１歳児

小さな亀さんから大きな亀さんに変わり、四つ足で歩く動作が大きくなり、手を顔の上まで上げている。左側の子は、手を上げ、しっかりと前を見ている。右側の子は、顔が天井を向いていて、更に大きな動きになっている。⇐

写真３　リズム遊び「お散歩に行ってみよう」０・１歳児

歌が歌えるようになり、大きな声で歌ってい
る。体全体を使って歌う子も出てきている。読
み聞かせにより、お話の内容も楽しんでいるよ
うだ。⇐

写真４　オペレッタ「てぶくろ」２歳児

走ったり、跳んだりいろいろな動きができる
ようになり、動くのが楽しそうな2歳児。楽し
くてたまらないという様子である。跳びはねた
時に、体をそらす子もいる。ウサギさんになっ
ているのだろうか。⇐

写真５　オペレッタ「てぶくろ」２歳児

３歳児は膝が上がってくる。大きな動きが楽しくてたまらないようだ。膝が腰より上まで上がり大きな動きになっている。右側手前の子は、腰から膝、つま先まで伸びていて一本の線になっており、とても美しい表現になっている。⇐

写真６　オペレッタ「三まいのおふだ」３歳児

こぞうがおばばの家で寝ているのだろうか。寝るという行為がこの子には、こういう表現になったのだろう。発想の柔らかさを感じる。素晴らしい表現になっている。⇐

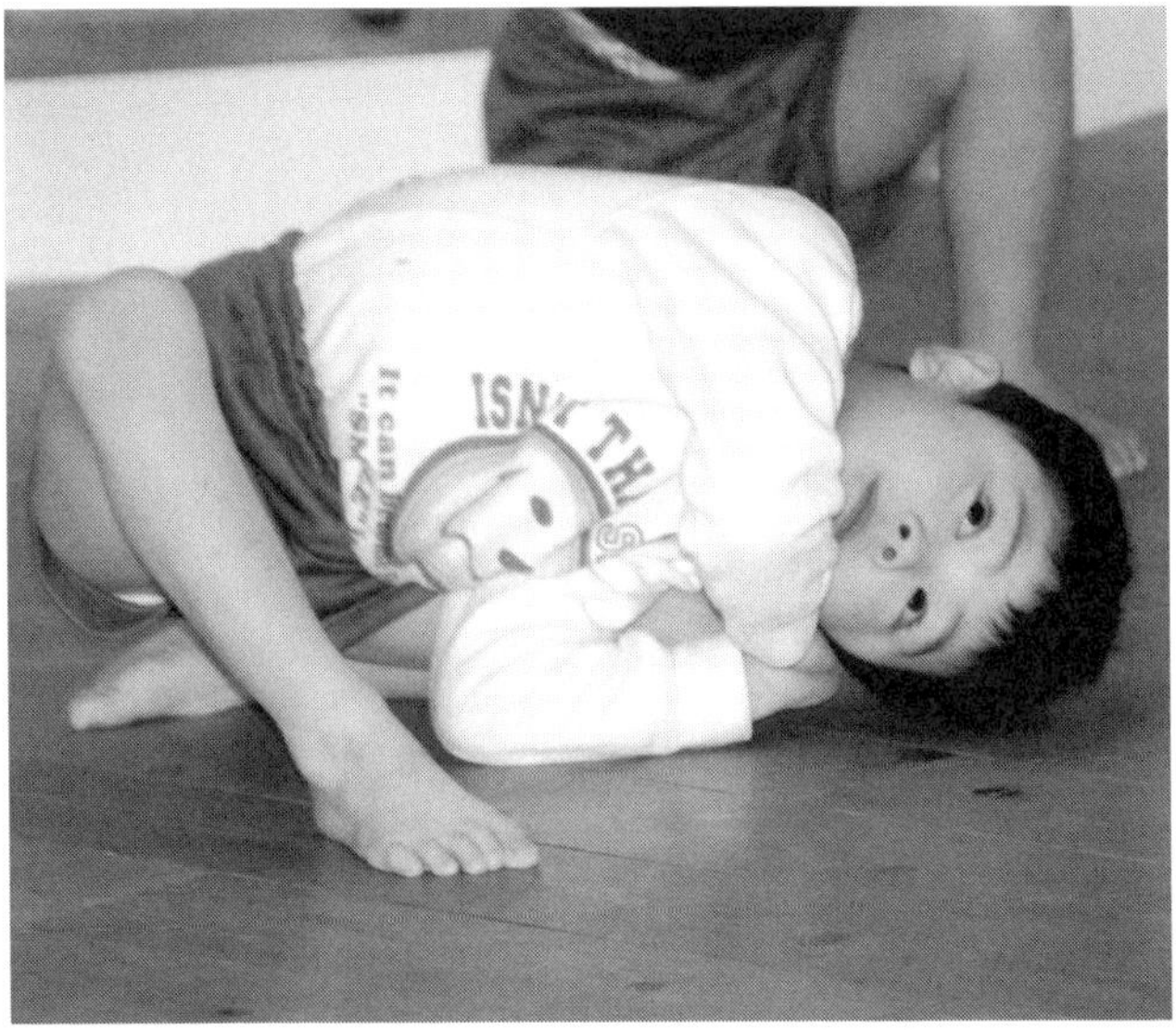

写真７　オペレッタ「三まいのおふだ」３歳児

音程が取れるようになり、声も出てくる3歳児である。おむすびころりんの歌は、楽しい歌がいくつもある。「おむすび3つ」の歌も、子どもたちは楽しんで歌っていた。⇐

写真８　オペレッタ「おむすびころりん」３歳児

「おじいさん　おあがり　ぺったんこ」と餅つきの歌を歌う子ども。「ぺったんこ」と歌いながら前に出す手は、「おじいさん、とてもおいしいお餅がつけました。どうぞ」と言っているようである。⇐

写真９　オペレッタ「おむすびころりん」３歳児

入場から圧倒的な表現力である。大きな海の世界を表現しているのであろうか。見ている者もスイミーの世界に引き込まれていく。⇐

写真10　オペレッタ「スイミー」４歳児

「うなぎ。しっぽを見る頃には、頭がどこか分からなくなってしまうほど長いうなぎ」。みんなで大きなうなぎになって、表現を楽しむ子どもたちである。⇐

写真11　オペレッタ「スイミー」４歳児

大きな動きをみんなでそろって表現できるようになってくるのが4歳児。一人ひとりの動きもダイナミックである。

⇐

写真12　オペレッタ「泣いた赤おに」4歳児

「ちくっ、ちくっ」「あれっ。なんだろう」と表現する女の子である。こうした表現が子どもの心を豊かにしていくのである。

⇐

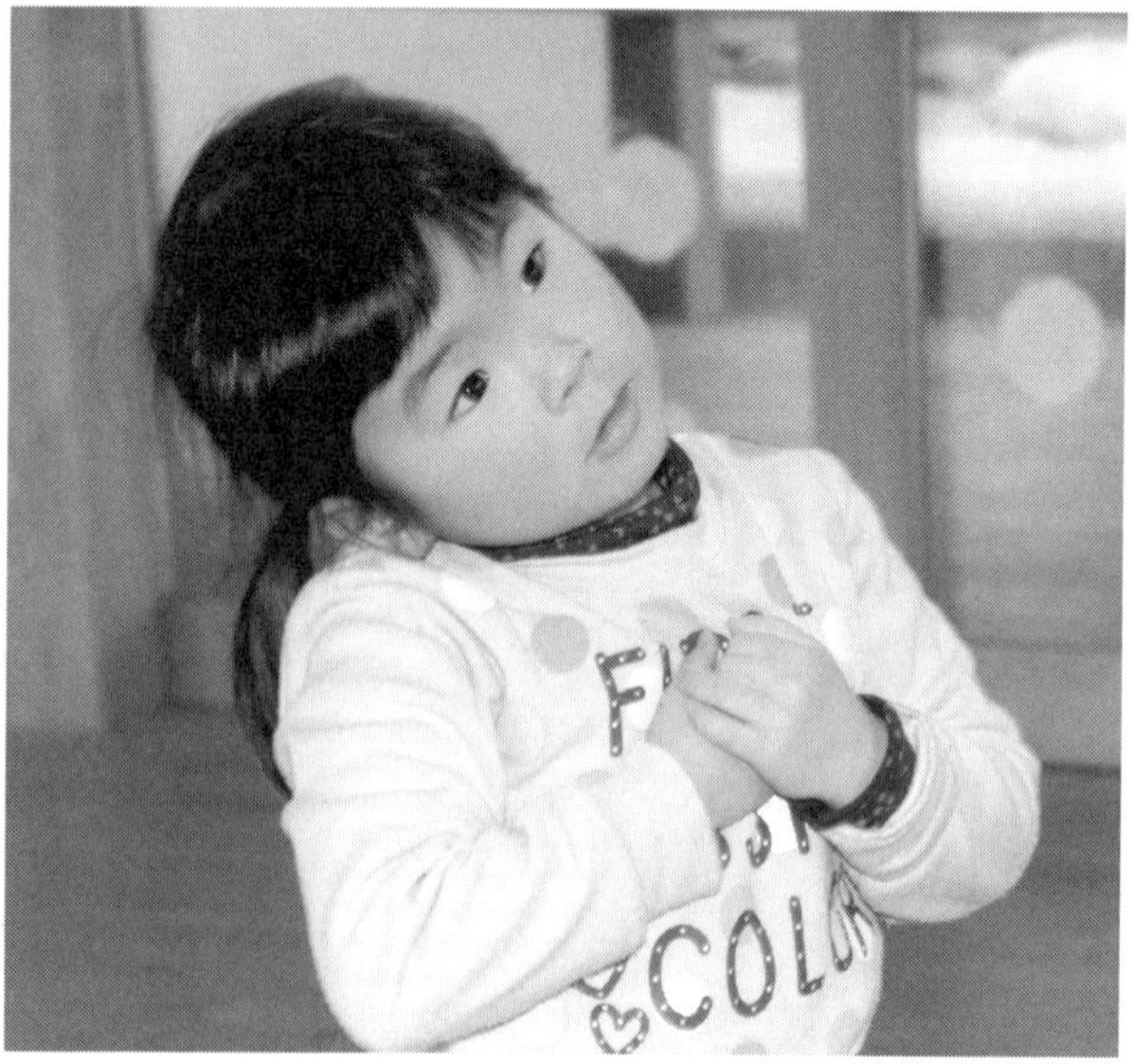

写真13　オペレッタ「泣いた赤おに」4歳児

園長先生も元副園長先生も、総出で指導に当たる。子どもたちも真剣に表現に取り組んでいる。こうして日々表現が豊かになっていく。⇐

写真14　オペレッタ「かさじぞう」５歳児

「じょいやさ　じょいやさ　ろくだいじぞうさ　かさとって　かぶせた　じいあうちは　どこだ　ばあうちは　どこだ」と探すじぞうさまの歌である。子どもたちが創り出す表現の世界である。美しい！⇐

写真15　オペレッタ「かさじぞう」５歳児

「よういさ　よういさ　よういさ」と歌いながら、じいさまとばあさまの家にもちこやだいこん、にんじんなどを運ぶじぞうさまを演じる子どもである。心を込めて歌っている。⇒

おじぞうさまとおじぞうさまにかぶさった雪を表現している。美しい表現になっている。即物的でなく、象徴的な表現が美しい。おじぞうさまの配置も立体的で空間を広く使っている。⇒

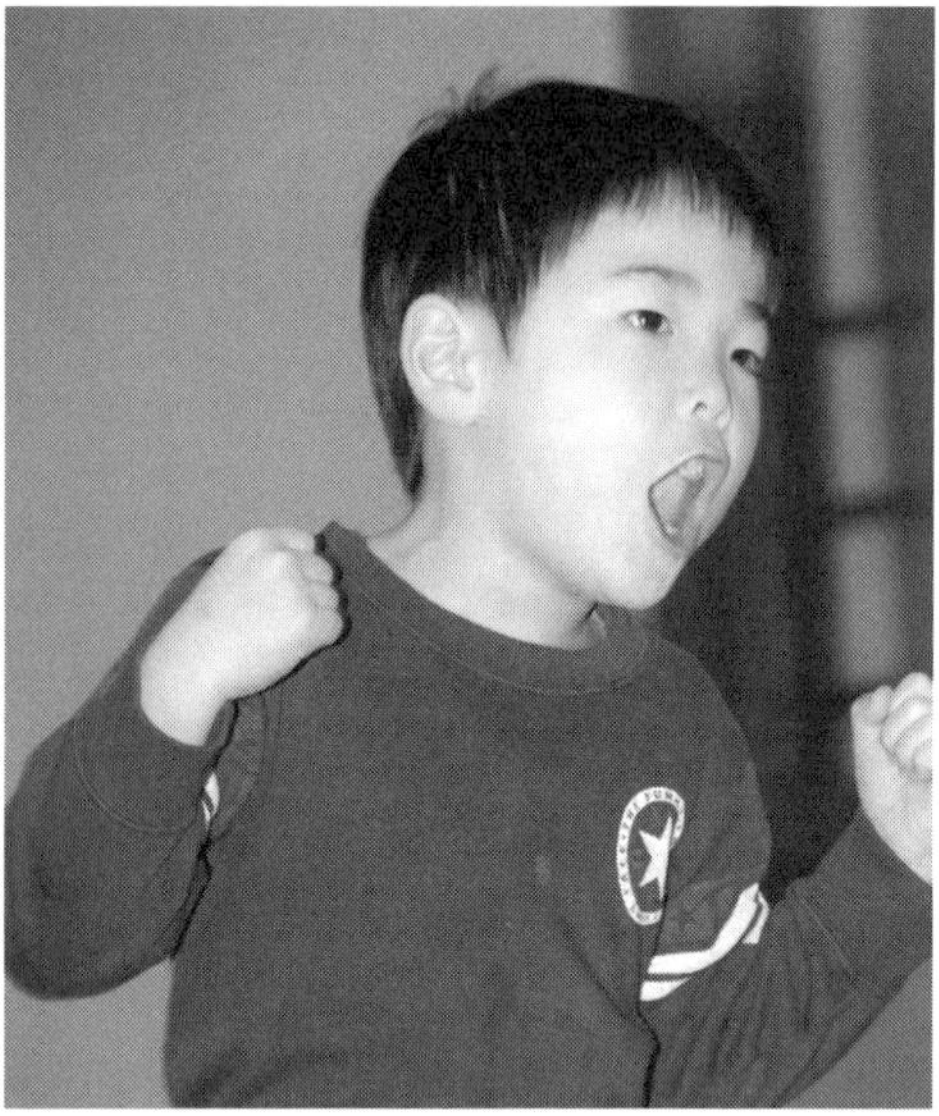
写真16　オペレッタ「かさじぞう」5歳児

写真17　オペレッタ「かさじぞう」5歳児

おじいさんが怪我をした鶴を助ける場面を表現している。一糸乱れぬと言える集中力と表現力の素晴らしさを感じる。鶴を演じる先生の腕が斜めに開いているところが美しさを増している。

写真18　オペレッタ「つるのおんがえし」職員

⇦

「待っておくれ、行かないでおくれ！」必死でつうを追うおじいさんである。後ろのグループが姿勢を低くして前のグループが高い姿勢を中心に表現している。座っている先生も参加できるような構成になっている。

写真19　オペレッタ「つるのおんがえし」職員

⇦

体調が不良でも参加できるのが美濃保育園の素晴らしいところである。日常的にどんな子どもでも参加できるように指導しているからこそできる演出である。演じている先生も、上半身だけでこれだけ美しい表現をしている。⇐

写真20　オペレッタ「つるのおんがえし」職員

飛び立つつうを追うおじいさんを演じている。一人ひとりがおじいさんを演じながら、全体がおじいさんになっている。高い姿勢と低い姿勢で立体感を出しながら、先頭の先生が引き立つように構成されている。素晴らしい。その先につうが見えるようである。⇐

写真21　オペレッタ「つるのおんがえし」職員

３拍子のワルツを練習することにより、研修参加者が解放されていくのが、感じられた。表情も和らいでいった。

写真22　公開研修「くるみ割り人形」よりワルツ

写真23　公開研修　オペレッタ「スイミー」から

公開保育と子どもたちの表現の発表は午前中であった。午後は、職員によるオペレッタ「つるのおんがえし」の発表があり、その後、公開研修があった。いわゆる実技研修である。ステップの練習と午前中発表のあった「スイミー」と「泣いた赤鬼」のオペレッタの一場面を参加者全員で表現してみたのである。

園のオペレッタについての説明でなく、参加者に実際にオペレッタを体験してもらおうという研修の在り方である。体験に勝るものはないと言えよう。オペレッタを理解してもらうには、見るだけでなく、実際に体験してもらう方がよりよい理解が得られる。これが理想的な公開研修の在り方と言える。

子どもたちの表現活動には心を引き付けられることばかりであった。体を精一杯使い、指先、つま先まで気持ちを行き渡らせ、そして、気持ちを登場人物に向けて、時には登場人物になりきって表現する子どもたちは、輝いている。その美しい

写真24　オペレッタ「泣いた赤おに」から

姿はどこからくるのであろうか。

「事実と創造」２０１５年3月号（406号）で千葉経済大学の小池順子先生が大槻志津江先生の表現に関する文章を紹介している。その中に、「自分の体が使い切れる子どもにするために」という項目がある。そこにはこう書かれている。

子どもの表現の可能性は、子どもが自分の体を使い切っている姿にある。使い切らせるために、ステップで何を教えるかを明らかにしたいと思う。

美濃保育園の子どもたちの美しい姿は、体を使い切っている時に見られるのではないか。そんなことを考えながら、子どもたちにカメラを向けることが多くなってきた。

二、美濃保育園訪問　第2期（2017年6月～2020年2月）

（1）追求のある表現活動

2017年6月21日・第三水曜の会

平成29年6月21日に今年度初めて第三水曜の会に参加させていただいた。1歳児と2歳児はリズム遊びで、歌を歌ったり、体を動かして表現を楽しんでいた。3歳以上の子どもたちは、ステップを交えながら、歌の練習が中心であった。9時半からお昼までの練習であるが、私は、10時頃から参観させていただいた。

小さい子どもたちのリズム遊びは楽しく見させていただき、3歳以上の子どもたちの歌には圧倒された。以下にその中のいくつかの場面を紹介していきたい。

1．ちゅうりっぷ・ひよこ：1・2歳児

1・2歳児は、リズム遊びである。子どもたちは、歌とピアノ演奏に合わせて遊ぶ。先生からの声かけに対して、気に入ったものに反応して遊ぶのが1・2歳児である。1・2歳児は誕生月により成長が大きく変わってくる。歌も歌えるようになってくる。そんな子どもたちを相手に、「とんぼ」「アイアイ」「たぬき」「ぞうさん」と次から次へと歌が続いて行く。模倣遊びも入る。

写真の女の子は、「ぞうさんになって長い鼻を腕を伸ばして表現している。一生懸命さが伝わってくる。写真の男の子は、「たいこ」の歌で、

くまモン

「大きなたいこ　どーんどーん　小さなたいこ
とんとんとん」

と歌いながら、「おおきなたいこ」を足を高く上げて表現している。1・2歳児がこんなに高く足を上げるのは大変な仕事だと思う。一生懸命頑張って足を上げているものと感心した。

1・2歳児なのに、10分以上リズム遊びが続いている。終わりになってもいいのだろうが、次のクラスが来ないらしく、まだ続けていた。先生が交代した。「かもつれっしゃに乗って」の曲で遊び、

「シュッ　シュッ　シュッ」

と走り、先生が、

「ああ、つかれた。ちょっと休みましょう」

と子どもたちに声をかけた時の写真（下）である。女の子は、疲れたというよりは、ああ楽しかったという顔をしている。

リズム遊びを終えた時は、19分を過ぎていた。後半は予定外に、アドリブでその場その場で先生

方が思いついたことをしていたと思われる。その指導の素晴らしさに感動するとともに、それをずっと楽しんでいる１・２歳児の子どもたちのエネルギーにも驚かされた。先生方は、汗だくになって子どもたちを支援していた。そして、忘れてならないのが、ピアノ伴奏者の鈴木恵理子先生である。どんな曲でも弾いてくれるのは、もちろん、どんな場面でも即興で子どもたちが表現しやすいようにピアノの音を出してくれるのである。この伴奏があって、子どもたちの表現があると言っても過言ではないだろう。

2．もも2組：3歳児

「ことりのうた」が終わると、大西絵梨奈先生が、「くまさんが、遊びに来たよ。くまさんになって歩こうね」

と言い、ピアノが始まった。子どもたちは腕を上げて、足も高く上げて、歩いている。「うおー」と言いながら歩いている。絵梨奈先生は、子ども

たちに、

「手を上げるといいね」

「声も聞かせてね」

と話しかける。子どもたちは、一生懸命腕を上げ、声を出す。足は大きく開いて、前に出す子どももいる。

くまさんが終わると、絵梨奈先生は、

「ああ、楽しかった」

と言い、

「風さんが遊びに来たよ。みんなで風になって遊びに行こう。台風みたいな強い風になって飛んで行くよ」

と走り出す。ピアノが鳴り、子どもたちも風になって走り出す。ホールを何周か回ると、

「今度は、優しい風さんだよ」

と絵梨奈先生が言い、静かなピアノの音に乗り、子どもたちは優しい風になる。

何周か回ると、絵梨奈先生は、

「あっ、足音が聞こえない。素敵!」

と言った。

「静かに止まって、はい、ポーズ！」

と言って終わった。写真（右頁）の子は、少し離れた所から静かに吹いてきて、腕を高く上げて、ポーズを取った。ほんの一瞬であったが、こんなにきれいなポーズになっていた。風になって楽しんだのが、十分伝わってくる。

３．たんぽぽ：４歳児

４歳児はとにかく大きな声で元気よく歌う。歌うのが楽しくてたまらないという感じである。子どもたちはスキップで入場して自分の歌う場所を決めた。入場して、すぐに古田千大先生は、

「R君は初めに息をいっぱい入れてスキップしていたよ。Rくん、短いスキップでお願いします」

と言うと、R君は前に出て来た。千大先生が、子どもたち全員に、

「Rくんにお膝を向けて、お願いします」

と言い、R君が一人でスキップをする。

「上手にできていたね。お腹にも息を入れていたよ」

「じゃあ、みんなでもう一回やってみようか」

子どもたち全員でスキップをする。前奏でスタートする前に、息を吸う音が聞こえる。

「ゆっくり、ゆっくり、いっぱい体全部に息を入れて」

「そう、さっきより入った」

「足もきれいだね」

止まる時にも息を入れて（音を出して）止まった。

「みんなすごい広い所、見つけたね」

止まった所が次に歌を歌う時の自分の場所になっているのが、美濃保育園のやり方である。歌う位置は子どもが自分で決めることになっている。

スキップが終わり、歌の練習に入る時に、千大先生は、

「まず、『おさるのかごや』からいきましょう。でも、みんなの顔、元気がなさそうだね。『えいさー!』でお願いします」

と言って、子どもたちは、2回かけ声をかけた。そして、「おさるのかごや」を歌った。

歌が終わると、千大先生が、

「Sくんの息の吸い方が素敵だったなあ。息をお膝で『はーっ』と吸っていたのが（身振りで示しながら）、素敵だったんだけど、見せてもらっていいですか」

と言った。すると、園長先生がSくんの隣の子に一緒になってと促しながら、

「体を使ってこうやっていたのがすごい」

と話し、二人でやってもらうことになった。二人は、体全体を使って歌って見せてくれた。

みんなで拍手をした。千大先生が、

「どうだった。みんな見てて、どうだった」

と聞いた。女の子が、

「まるだった」

と答えた。男の子が、

「かっこ良かった」

と言った。千大先生が、

「じゃあ、みんな立ってください」

と言い、子どもたちが立ち上がると、園長先生が、

「どこがまるだったの」

と聞いた。千大先生のすぐ前の男の子が、足を一歩前に出しながら、息を吸うそぶりをしていた。

「Ｃくんが、やっていたよね」

と園長先生、

「息を吸うのがまるだった」

とＣ君が答えた。すると、千大先生が、

「Ｃ君、ちょっと真似をしてみて」

と言い、Ｃ君がやって見せてくれた。子どもたちは、

「おおっ」

と声をあげ、千大先生は、

「かっこいい。すごい、よう見とったね」

と言い、

「お膝もお手々も使っていたね」

と褒めた。

その後、みんなで「おさるのかごや」を歌った。

歌が終わると、千大先生は、

「かっこいい子が増えた。すごい。良かったね。今、いっぱい吸えた人？」

と聞いた。子どもたちはほとんど全員が、

「はーい」

と言って手を上げた。千大先生は、

「C君、かっこいいね。一番前でひっぱっとったね」

とさっき息を吸う真似をしてくれた子を、あらためて褒めていた。

3歳の子どもたちとこれだけのやりとりをしたことに驚いた。対話が成立しているのである。子どもの言った「まるだった」という曖昧な褒め方に、園長先生は、「どこがまるだった」と追求する。それに対して、子どもは「息を吸うところ」と具体的に答えているのである、更に、園長先生は、「それをやってみて」と追求の手を休めない。子どもは実際にやって見せたのであった。それに

対して、担任の千大先生が、子どもを、

「かっこいい」

と褒めて、更に、

「よう見とった」

と具体的に何が良かったかを褒めている。ここでは授業が行われている。子どもたちは見ていないようで見ているし、聞いていないようで聞いている。素晴らしい子どもたちである。

ここまで約7分間の活動であった。授業の最後には、千大先生と園長先生が二人で指揮をして子どもたちは歌っていた。本当に嬉しそうに歌っていた。

4．すみれ2組：汽車ポッポ

ホールに入って来て、伴奏者の鈴木恵理子先生にあいさつをすると、古田名津美先生が、

「お給食はいっぱい食べられましたか」

と、子どもたちに聞いた。

「はい」

と子どもたち。名津美先生は、

「お腹は、ぱんぱんですか」

と聞く。また、

「はい」

と子どもたち。すると、名津美先生は、

「みんなのお腹の燃料が満タンになっているんなら、みんなの機関車は走り出せそうかな」

と聞いた。Tくんが、

「重すぎて走れない」

と答えると、名津美先生は、

「みんなで助けてあげて、Tくんのこと。シュッシュッと言って、いい場所を見つけて、自分の駅で止まってください」

と子どもたちに声をかけた。ピアノの伴奏に合わせて、子どもたちは、

「シュッシュッ！　ポッポッ！　シュッシュッ！　ポッポッ！」

と言いながら、ホールの中を走り、自分の場所を見つけた。全体にピアノ側に集まってしまった。先生の声に気づいて、移動する子がいた。名津美先生は、

「汽車のまんまでいい場所見つけるんだよ。目が2個では、足りないみたい。頭の後ろにも目を一個つけてみてよ。もう一回探しに行こう。みんなの声元気なかったから、先生が『シュッシュッ！』と言ったら、みんなで『ポッポッ！』と言ってくれる。さあ元気出るかな」

と、言って息を吸い、ピアノの伴奏と共に始まる。子どもたちの声が変わった。「ポッポッ！」の声が弾むような高い声になった。子ども同士の位置もお互いに間合いを取り、十分に広がっていた。名津美先生が、

「まだ燃料ある。今度はお声で走らせてください」

と言って、歌が始まった。


年長の歌の練習の始まりの部分である。ここまで約3分であるが、あいさつがあり、担任の初めの言葉がけから、子どもたちを歌の世界に連れて行こうとしているのが分かる。入場から、歌の世界が始まり、「汽車ポッポ」のお話が始まっている。それでいて、子どもたちの足りないところを的確に把握し、指摘している。


子どもたちが入場した時に並び方が不十分なので、気が付いた子どもたちは横にずれたり後ろに下がって適当な位置を見つけようとするが、すかさず、先生は、「汽車のまんまでいい場所を見つけるんだよ」と言い、「やり直し」とは言わずに、

「もう一回探しに行こう」

と子どもたちを誘っている。あくまで子どもたちと「汽車ポッポ」の世界を楽しもうとしている。これが幼児と過ごす表現の世界なのかと驚くばかりである。

「汽車ポッポ」の歌できれいに歌っていて、機関車の力強さが足りないところでは、

「みんなの煙は、白いけむりだよ。機関車の黒い煙が見たいなあ」

と声をかけたりしている。それでも足りない時は、

「高速道路をすいすい走るんじゃなくて、砂利道を上って行こうか」

と投げかけている。こうした子どもがイメージを持ちやすい言葉がけが、幼児教育の歌では必要である。これは、小学校の歌の指導でも同じなのではないかと思いながら見ていた。

5．すみれ全員合唱：あしびの花

「あしびの花」はすみれの子どもたちと職員が一緒に歌い、2部合唱になっている。全員で歌った後、職員が二部合唱をして子どもたちに聴かせた。子どもたちはよく聴いていた。その後、また全員で合唱をした。歌詞は、

あしびの花は　白い花
あしびの花は　小さな花
白い花が　あつまって
小さな花は　あつまって
しろじろと　咲いている

きぬのいろして　咲いている

となっている。曲の山は「きぬのいろして　さいている」にある。子どもたちは、頑張り過ぎて、「いろして」の「て」を「てー！」と強く押しつけるように歌っていた。先生方はそこを、直そうとしていた。指揮をしている名津美先生は、前後に体を動かしながら、「いろして」の「て」の所は手を前に出して、そんなに伸ばさないで、おさえるように指揮をしていたが、子どもたちは頑張ってしまう。

途中から女の子と男の子に分かれて歌ったりもした。男の子は３人で歌ったりもした。女の子が歌った時に、「て」をおさめるように歌うことができた。しかし、男の子はどうしても頑張り過ぎてしまうようだ。一度はできたが、課題として残る「あしびの花」となったようだ。女の子だけで歌った時は、できていたので、時間が解決してくれるのかなと思いながら聴いていた。

6．すみれ１組：汽車ぽっぽ

すみれ１組も「汽車ぽっぽ」の歌を歌った。歌の後半は次のようになっている。

なんださか　こんなさか　なんださか　こんなさか
トンネルてっきょう　ポッポ　ポッポ
とんねるてっきょう　シュシュシュシュシュ
とんねるてっきょう　とんねるてっきょう　とんねるてっきょう

とんねるとんねる　トントントンと
のぼりゆく

ここを一気に歌い上げる曲である。「なんださか　こんなさか」は、急な坂道を機関車が頑張って上って行く歌である。2組も同じ所で名津美先生が子どもたちに要求していた。

大野ルミ子先生は、

「シュッシュッ！」

「ポッポッ！」

と男女で声を掛け合いするように指示して、ホールを走らせていた。

次に、男女向かい合って歌ってみた。お互いに顔（姿）が見えると刺激になるし、友達のいいところが見えてくる。だんだんと声が出てきた。

女の子だけで歌った時に、声が前に飛び出すように出てきた。女の子が一つになって素晴らしい声であった。

今度は男の子である。男の子一人を指名して歌

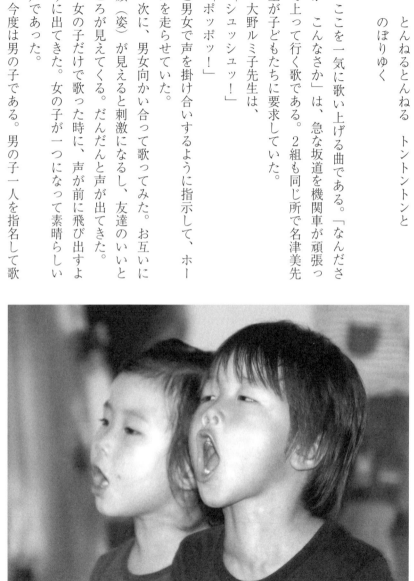

ってもらったらしっかりと歌っていた。次に３人で歌わせて、先生が、

「声がしっかり出ていたね」

と褒めた。その次に男の子全員で歌ったら、声に伸びが出てきて、女の子に負けないほどの歌声になった。みんなで歌うよりも、数人だったり一人で歌ったりすると、子どもたちは力を発揮するように思えた。

歌い終わり、退場する時も、

「シュッシュッ！」

「ポッポッ！」

と歌いながら、楽しそうに退場して行った。

7．すみれ組全員：みんなで行こう

「みんなで行こう」をすみれ組全員で歌った。迫力のある元気な歌声であった。指揮者の大野ルミ子先生が、「ホーイ　ホーイ　ラララ」のところの「ラララ」を下から上に上がるように歌っていると指摘した。ルミ子先生は、手のひらを上下にたたいてリズムを取りながら、

「ラララ」

と歌ってみせた。次に、「幼児的に」口を横に開き気味にして歌って見せた。子どもたちは笑った。次は、手拍子しながら、軽い感じに、

「ラララ」

と歌い、その後、子どもたちが、

「ラララ」

と歌った。ルミ子先生は、

「目を開いて歌って」

と、言った。すると、子どもたちは、目だけでなく口も大きく開いて歌っていた。口を縦に大きく開くことで「ラララ」の声が変わってきた。ルミ子先生は、

「いいねえ」

と褒めた。

次にルミ子先生は、

「後は体」

と言い、腕を開いて、体を前後に動かしながら、

「ホーイ　ホーイ　ホーイ　ラララ」

とやって見せた。次に、体を後ろに引きながら、

「ホーイ」

前に出しながら、

「ホーイ」

と1回ごとに力んで歌って見せた。子どもたちはまた笑った。

ルミ子先生は、体を後ろに引きながら、

「いっぱい入れて」

　前に出ながら、

「はい」

と言った。子どもたちも一緒にルミ子先生の、

「いっぱい入れて」

に合わせて、体を後ろに引きながら、息を入れ、

「前へ」

に合わせて、子どもたちは、息を吐いた。体を後ろに引きながら、

「入れて」

と言い、前に出ながら、

「吐いて」

と繰り返した。繰り返しながらルミ子先生は、

「お膝も使うんだよ」

と言った。

　そして、小さい声で、

「ホーイ　ホーイ　ホーイ　ラララ」

と歌って見せた。子どもたちも歌った。この時に、

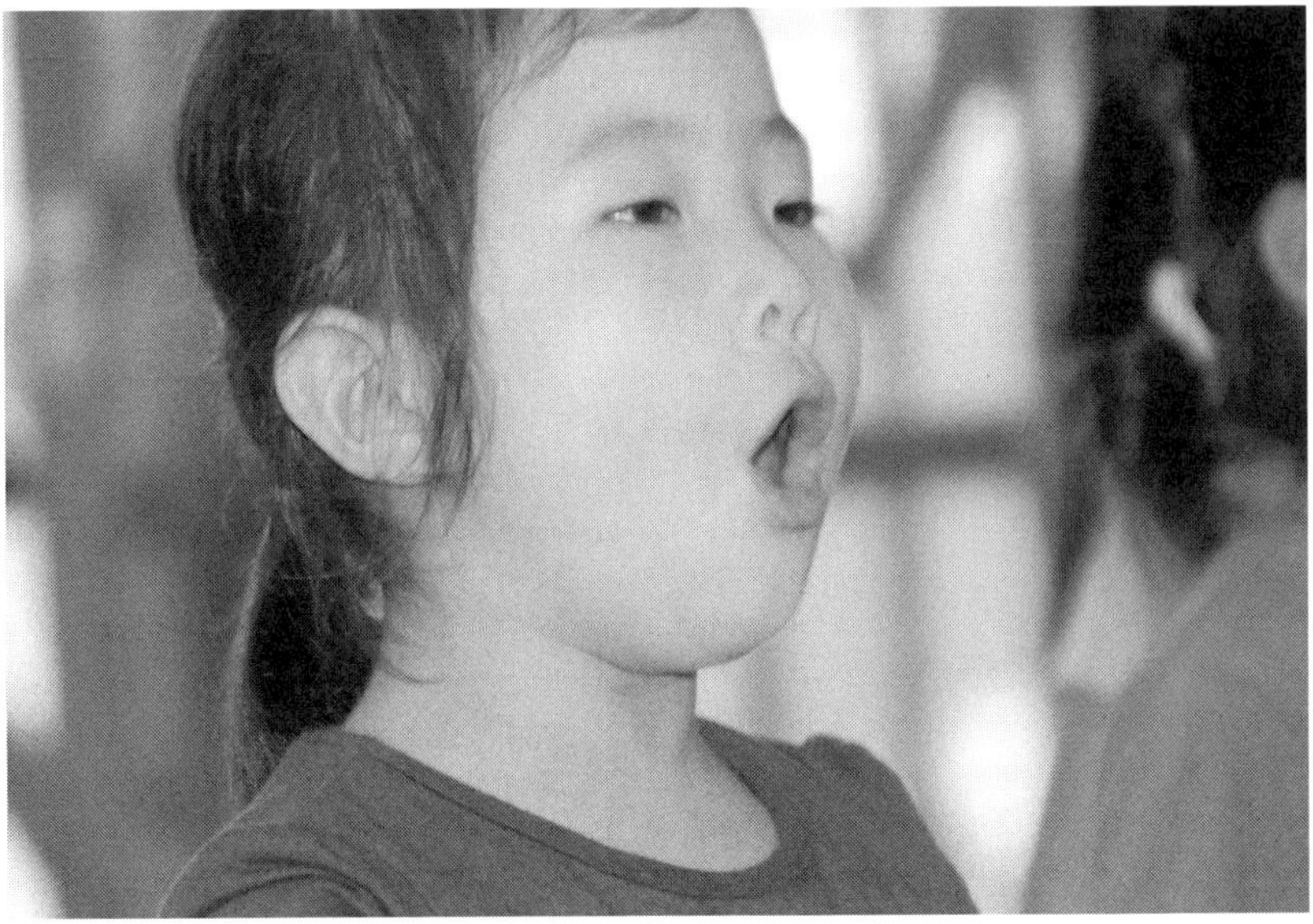

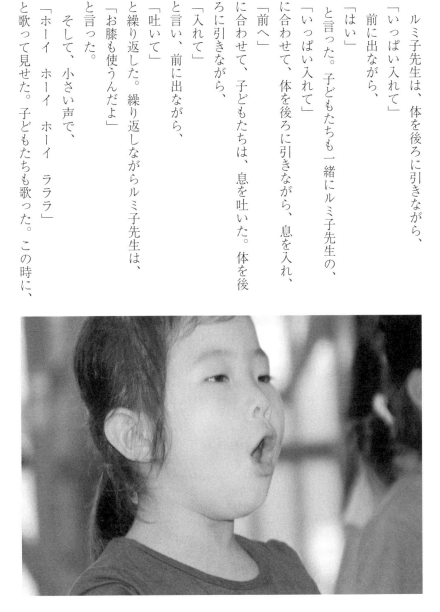

ルミ子先生が、何か気になる様子を見せた。すると、園長先生が、

「前に出て、ホーイ。後ろに引きながら、ホーイとやったら」

と言った。ルミ子先生が、前に歌った時と反対に、前に出ながら、

「ホーイ」

後ろに引きながら、

「ホーイ」

また前に出ながら、

「ホーイ」

と歌い、そして後ろに引きながら、

「ラララ」

と歌ってみた。この方が歌いやすそうであった。

最後に初めから通して歌うことにした。今度は歩きながら歌うことにした。子どもたちは、本当に楽しそうに歌っていた。

ルミ子先生が指導に行き詰まると、園長先生がひとこと言うことによって、先に進む。こういうことが、美濃保育園では日常的に行われている。子どもたちは誰が言ったからというのではなく、自分が成長できることを言ってくれればそれでいいのだろうと思われる。

全ての学級に共通しているのが、歌の初めはもちろん、入場や場所移動の時は、必ず呼吸を入れて、体の準備をしていた。歌の時は、呼吸を入れてから、伴奏が始まる。こうした呼吸指導を徹底して行いながら、子どもたちを育てている。

「あしびの花」が終わり、次の曲に移ろうとした時、古田名津美先生が、

「恵理子先生もピアノを弾くんだけれど、みんなにも恵理子先生みたいになってほしいから、足の先とピアノを合わせてみるよ」

と、子どもたちに話した。右足のつま先を床に軽く触れると同時に、ピアノの音が「ポン」と鳴り、左のつま先を軽く床に触れると、今度は少し高い音が「ポン」と鳴った。

「みんなが床でピアノを弾くから、みんなが一緒に歩けるようにピアノを弾いてください」

と言ってスキップを始めた。柔らかい動きで子どもたちはスキップをした。終わって、子どもたちが止まると、先生方は、次々と、

「すごい」

「素敵！」

「みんなの先生に見てもらおう」

と声を上げた。もう一回スキップをした。今度は子どもたちは、腕を広げ、胸を開いて、膝も柔ら

かく使いながら、とてもきれいにスキップをしていた。

このように、短い時間の中で、いろいろな活動を子どもたちに求め、成長を図っているのが美濃保育園である。今回は、ビデオを撮らせていただいて、後で見ることもできたので、活動を再度確認することができた。ビデオは写真の確認のために撮らせていただいたが、思わぬ形で美濃保育園の表現活動に出会うことができた。そして、先生方の指導の素晴らしさを改めて学ぶことができ、素晴らしい子どもたちにも出会うことができた。瞬間の輝きがたくさんあった。

（２）保育園における主体的・対話的で豊かな学び

２０１７年11月15日・第三水曜の会

それは２０１７年11月15日の美濃保育園第三水曜の会でのことであった。第三水曜の会は午前９時半頃から昼頃まで行う幼児の表現活動の公開研修日のことである。申し込めば誰でも参観できる。この研修は園内研修でもあるので、他の職員も都合をつけて参観する。この日も、年少の子から年長まで、各年齢ごとに表現活動が行われていた。１～２歳児はリズム表現を３歳児からはステップ表現や曲表現を行う。

１．話し合いと豊かな学び

年長のすみれ（組）の子どもたちが曲表現を行っている時のことであった。子どもたちが入場し、全体でいくつかのステップをして、次のステップに移る時に、大野ルミ子先生が「グループに分かれて」と指示をすると、子どもたちは、グループを作ろうとした。誰がどのグループに入るかは決めていなかったようだ。グループの人数に偏りができてしまった。ルミ子先生が「ここ空いてるよ」と言うと、何人かの子どもがすぐに移動した。誰がそこに行くかは指示をしていない。それでも何人かの子どもたちが、自分で判断してグループを作っていった。

今度は、男の子が多く集まったグループがあるので、そのことを言うと、子どもたちは、何人かが移動して男女が均等に混ざるようにしていった。グループのメンバーをあらかじめ決めていないのが美濃保育園のやり方であるようだ。グループを作ることが子どもたちはその場で判断して、グループを作ることができるのである。人数に偏りがあれば、自分から移動してグループを作っていくこともできるのである。もちろん教師が移動を促すこともある。こんなことが5歳児にできることに驚いてしまう。子どもたちはとっさに判断し、行動に移すことができるのである。主体的に学んでいると言えよう。そうでなければこんなことはできない。

グループができたところで、ルミ子先生は、「グループで4つのステップを話し合って決めて」と子どもたちに投げかけた。担任の古田名津美先生と参観している先生方が、各グループに支援に入った。自分の学級でなくてもグループに入り、自然に話し合っている。これも驚きである。子どもたちにとっては、どの先生も自分たちを指導してくれる先生なのである。

あるグループは、ギャロップ↓ツーステップ↓ヒール&トゥー↓リープターンと考えていた。しかし、隣のグループと2つのステップが重なってしまったことに気が付いたので、そこは順番を変えてやることにした。

ピアノ伴奏に合わせて、グループごとに練習した。ちょっと練習しただけで、決めたステップができている。順番を変えてもできてしまう。

それを見ていて、こんなことが保育園で行われるものだろうかと思う。5歳児が話し合いをする。先生がついているとはいえ、話し合いを通して、自分たちがどのステップをするか、他のグループとステップが重ならないように他のグループの様子を見ながら、考えていくのであった。

そして、決めたステップをその場で試していく。決められたステップをグループの子どもたちが全員できてしまう。これも驚きであった。たくさんのステップができるので、容易にステップの変更ができる。美濃保育園の子どもたちの体には、ス

テップが染み込んでいる。2歳の頃からステップを学び始め、5歳になるとたくさんのステップができるようになっている。

それにしても、話し合いができることは驚きであった。小学校では一般的に、1年生はグループでの話し合いは困難なので、ペア学習のような学習形態をとることがある。隣の子や前後の子どもと話し合ったり相談したりする。学年の後半になって少しずつグループ活動を行っているのが現状ではないだろうか。まして、表現活動をする時には、先生が振り付けを決めておき、できるだけその通りにするように指導することが一般的である。

しかし、美濃保育園では、表現を一つに限定しない。基本的な構成やステップは考えておいても、その場の子どもたちの様子でどんどん変更していく。変更するのではなく、その場その場でよりよいものを創っていく。子どもたちにとっては、変更することが日常である。従って、日々異なる表現をしていると言っても過言ではない。む

しろ日々変わっていく表現活動を楽しんでいるとも言える。練習後に全員でもう一回合わせた時には、先ほどと比べてより楽しそうに表現しているし、より明確な表現になっていた。豊かな学びが成立していると言っていいのであろう。

2. 対話的な学びの実現

この日の最後の方でこんなことがあった。最後にみんなでワルツの練習をすることになった。ルミ子先生が「大きな円になってワルツをしましょう」と言って始まった。少しステップ（ワルツ）をすると、ルミ子先生は「この人のを見て」とS子を連れ出して、みんなの前でワルツをしてもらった。

「みんなと違って、リズムが上にいっている。みんなのはリズムが下にいっているよ」と説明した。私には、片方の腕を開いているようにしか見えなかった。

ビデオを繰り返し見てみると、確かに腕を上げ

るようにすると、体は下でなく、上に向かってリズムを取っていく。腕を上げることで、胸が開き、腰も伸びていくようだ。

ルミ子先生が、「みんなでもう一回やってみよう」と言って、始まった。すると、今度は男の子を輪から連れ出して、「この子は、今言ったことをやろうとしているよ」と言って、Ｋ男にやってもらった。

できたかどうかだけでなく、やろうとするという捉え方に驚いた。考えてみれば、一回見たからと言ってすぐにできるとは限らない。そんな時に、少しでもできている子をどうやって褒めるかが課題である。それを「やろうとしている」という評価を与えるのである。そうすることで、自分はいいのかなと思っている子は安心して取り組める。それを見ている子どもたちも同様である。そして、また全員でワルツを表現した。子どもたちは上に向かうリズムをつかもうと真剣である。すると、今度はルミ子先生は男の子と女の子の２名を選んでみんなの前でワルツをやってもらった。二人とも、腕を上の方に上げながらワルツをしている。左右の腕を交互に上の方に上げ、胸を開き、リズムをとっている。女の子は、腕を開く時に、体を一回転させている。大きな表現になってきた。子どもたちも素晴らしいが、これを見つけた先生も素晴らしいと思う。

ルミ子先生が最後にもう一回みんなでやってみようと声をかけ、始まった。みんなだんだん体の使い方が柔らかくなっていくようであった。その時、ルミ子先生がとても嬉しそうな顔をして一人の子を指さしながら、園長先生に声をかけていた。曲が終わったら、ルミ子先生が「みんなにぜひ見てもらいたいの」と言いながら、Ｈ子を中央に連れて来た。園長先生は「コンテンポラリーな表現だ」と言っている。

H子は外側と中央の子どもたちの間を自由に表現しながら進んで行く。ワルツというよりも自由表現をしている感じで、両手を斜めに開いたり、体を自由に回転させながら、表現していった。周りの子どもたちは真剣に見ていた。周りにいる先生方も笑顔で見ていた。H子の演技が終わると大きな拍手がわき起こった。

ルミ子先生は、「お勉強させてもらったわ」と言いながら、H子に近づき、抱きしめていた。言葉だけでなく、体で賞賛している。子どもなので、こうして行動で示す方が、子どもには先生の気持ちが伝わることがある。ルミ子先生はもっと褒めていたが、残念ながらその言葉は聞き取れなかった。「気持ちのもんや」「1・2・3とかな……」「気持ちがええもんな」とか言い、園長先生も「みんな気持ちよくなろう」と話していた。1・2・3とリズムを取るだけでなく、気持ちを表現する方が大切であり、表現していて気持ちが良くなるということかと思う。そのことをH子がみんなに教えてくれたし、学んだということであると思う。

その後、全員でワルツを踊ってみた。子どもたちは体をいろいろに使い、ワルツを表現していた。

体を回転させる子、腕を上の方に上げて、目線をしっかり指の先に向ける子、膝を柔らかく使う子と、全体が集中して表現していた。終わりのポーズの時、全体が一つになって見えた。

このワルツの練習は、約8分くらいであったが、もっと長い時間取り組んでいたように感じた。それくらい内容に深みのある時間であった。同じワルツを表現するにしても、腕を開いて、上に向かうリズムを要求し、それに意欲のある子を前に出し、次に体を回転させるなど、リズムが取れてきた子を前に出して、表現させた。終わりにしようとしたら、教師の予想外のワルツが出てきて、それを取り出して、みんなに紹介し、それを全員で共有し、短時間で子どもたちのワルツをどんどん発展させている。

そこでは、決められたワルツが一つあって、それに向かわせる指導でなく、目の前にいる子どもたちの事実に合わせて、表現を創っていく授業が行われていた。一人ひとりの子どもの表現は無言

の意思表示である。それを見て取り、それに対応している。これは対話的な授業とも言えるのではないかと思う。子どもの表現を見取り、そこに子どもの疑問を見い出し、次の展開を創っていっている。それが、教師対一人の子どもだけでなく、教師と全体の子どもたち、一人の子どもと周りの子どもたちとの対話にもなっていると思われる。素晴らしい授業であった。

瞬間の輝きを求めて美濃保育園に通っているが、子どもたちの良さを引き出す授業があるから子どもたちが輝くのであるということが、少しずつ見えてきている感じがする。

（3）上へのリズムと柔らかさを大切に！

２０１７年11月30日・ステップ大会

２０１７年11月30日に美濃保育園でステップ大会があった。私は前日の29日の練習から見せていただいた。美濃保育園の子どもたちが普段どのようにステップを練習しているか、先生方はどんな指導をしているか、知りたい人はたくさんいるものと思う。私もその一人である。それが分かる場面を29日の練習で見ることができた。それを紹介したい。

すみれ（年長）の子どもたちが曲表現の練習をしていた時のことである。曲全体を流した後、ホップの練習をすることになった。いったんホールから退場した子どもたちがホールに入ってくる。すでにホップをしながら入って来る子どももいる。

「ホップ、ホップ、ホップってどうやるの？」

と大野ルミ子先生が子どもたちに声をかけた。子どもたちは無伴奏で、一人ひとりホップをやっている。

「どーんと落ちている子はいない？」

「かかとついている子はいない？」

「あのね、ごあいさつといっしょ」

ルミ子先生は、体を浮かした時に、腕を下に強く振り下ろしながら、リズムを取るしぐさをして、

「バーンバーンと。そうじゃなくて、ここの一番上でお花を咲かせてから、ゆっくり下ろして」

と言いながら、腕をふわりとゆっくり下ろしてみせた。頭の上の方で、両手を合わせるようにして、

「大事な花を優しく、お膝で咲かせて、手じゃなく、お膝でほわんと咲かせて」

両手を頭の上の方で合わせるようにしてやって見せている。

「指の先見て」

と、古田名津美先生は言いながら、

「素敵、あっ、素敵！」

と褒めた。すると、ルミ子先生が、ホールの後ろの方を指さして、

「男の子は向こうへ行って！」

と言い、

「女の子、やってみて」

と女の子を呼んだ。後ろの方で鈴木恵理子先生は、一人の男の子に声をかけて褒めている。こういう体制が素晴らしい。その場にいる先生方は、自分でいいものを見つけるとすぐに子どもたちを褒めるのである。恵理子先生のピアノ伴奏が始まった。

「くっつき過ぎてよう見えん」

とルミ子先生は言い、

「あっ、分かった。指が曲がっている」

と言いながら、中指を曲げて見せて、

「自然でいいよ。手でお花を咲かせてごらん」

「そうそう、もっと手を開いてごらん」

と言った。両手を頭の上で開いて見せて、顔の前で手を開く動作をやって見せた。次に両手を頭の上でふわりとひらくようにやって見せた。

「Ｙ子ちゃんが行ったらね。次に足がきらきらしてるよ」

と言って、膝を高く上げて、もう片方の足でふわりと下りて見せた。

軸足になっている方をさわって見せながら、

「Ｙ子ちゃん、ひとりでやって見せて」

とルミ子先生が言うと、Ｙ子ちゃんは、ふわりときれいにホップした。

「もうちょっと指を開いてごらん。わざと中指を曲げたりしないで、ちゃんとお花を咲かせればいい」

と言い、中指を折って見せた後、中指を開いて見せて、Ｙ子ちゃんも顔の上の方で、指を開いている。

「そう、そう」

と言った。

先生方や前年度までのすみれ組

の子どもたちの指の使い方を思い出すと、指を曲げて表現していることがある。この子は、それに学び、それが美しいと思っていたのかもしれない。ルミ子先生は、それを否定した。それは基本に戻ることなのかもしれないと思いながら見ていた。ワルツやホップなどをする時に、腕を開いたりする。その時に手も開く。手を開くときに、柔らかく開くことが求められる。表現の柔らかさはこんな所に現れるのではないかと思う。ルミ子先生はそれを考えて指導していたのではないだろうか。

次に、ルミ子先生は、腕を振り上げながら、腕を前でなく、上に振り上げて、

「もう一回、女の子立って見て」

と言った。全員腕を顔の上のほうに振り上げて、膝も前の方に上げて、やさしくリズムを取っている。

「分かる？　きれいなの？」

と声をかける。

「うん、うん、うん」

と言いながら、床に着く足と一緒に下に振り下げる腕で強くリズムを取ってやって見せた。

同時に、大西智恵美先生が、腕を上に振り上げて、

「上に上がるの。上に」

と言った。

ルミ子先生は、

「そうそう。お膝で。お膝で」

と言う。子どもたちは、それを見て、膝をふわりと上げる子がいる。ルミ子先生が、

「そう、そう、そう」

と言い、智恵美先生は、

「上に上がったら、勝手に落ちてきちゃうから。わざわざ下りなくても、勝手に落ちちゃうから」

と言う。

「すごく良くなった、Ｍちゃん。ゆっくりでいいんだよ」

体を後ろにそらすようにして、はねて見せて、次に、

「腕をもっともっと、前に、前に」

と言いながら、上体を真っ直ぐにして、はねて見せる。

「前に、前に」

と言いながら、上げた腕をパッと下ろして見せ、

「そうじゃなく、ゆっくりと」

と言いながら、腕を柔らかく振り上げて見せる。

「そう、そう、きれい、きれい、きれい」

「ちょっとＥちゃんとＳちゃん見せてもらおうか」

と、ルミ子先生が二人を指名した。二人がホップをする。

「何か軽いね。上に行っている」

恵理子先生も、ホップをしながら、

「こうならずに」

と、体をそらして見せ、次に上体を真っ直ぐにしてやって見せながら、

「上に行っている」

と言った。ルミ子先生も上体を真っ直ぐにしてやって見せている。1組の女の子全員がホップをしている。ふわりと上にはねる感じがよく出ている。

「きれいになった」

と名津美先生が褒めた。ルミ子先生も、

「そう」

と声をかけた。

　初めは、振り上げた腕を下ろす時に、リズムを取る子が多かったが、だんだん腕を振り上げる時に、リズムを取る子が多くなってきた。それも腕を柔らかく回すような感じになってきた。そのためには、膝を腰の高さまで上げて、膝が上がった時に、腕も上に上がっていると良さそうである。膝にためがあるというのだろうか。それができる子は踵が、膝の下に来ている。そして、足が下りる時、膝より前の方で床に着地している。しかし、膝が上がらず、折るようにしていると、かかとは、軸足のすねの辺りに来ている。これだと、膝でのためができなくなってしまうようだ。このあたり

を指導をしているようであった。この足の使い方はスキップにも共通していると言えよう。ルミ子先生は、

「じゃあ、２組さん立って」

と言った。２組の女の子がホップを始めた。

「きれいだよ」

と名津美先生が言った。

「リズムが切れないよね」

と名津美先生。

「KちゃんとSちゃん、やってみて」

とルミ子先生が二人を指名した。

「ぽつっ、ぽつっと切れないね」

と名津美先生。

「あれは、私にはできないわ」

とルミ子先生が褒める。

「ぽつっ、ぽつっと切れない」とは流れができているということか。こういう視点でホップを見ることは、わたしは気が付かなかった。大切なことを学んだ。膝が上がり、足首から先が膝の下か、

膝より前に出るようになると、流れが切れないように見えた。

「すごいね。ずっとがまんしていたよね、女の子すごく良くなったね。それじゃ男の子」

と、ルミ子先生は男の子の方を見た。

「みんな同じ方に回らなくていいんだよ。お花見てごらん」

とルミ子先生。

「何でだろう。手はきれいやったけど。足がちょっと、こう上がってくると」

と、膝をたたきながら恵理子先生が言う。

「Tちゃんやってみて。Cくんも。Fくんも」

と3人を指名する。

「Nくん、上に上げた手はきれいだったよ」

と恵理子先生。

「TちゃんとCくんは足が前に出てきれい」

Fくんに「足も」と言うと、Fくんは、意識して足を出し始めたので、

「そう、そう」

とルミ子先生。

「おおっ、できた。しっかりしているね。男の子でも、あんなに足がきれいにできる」

とルミ子先生は褒めた。

次に、１組の男の子がホップをした。

「Ｒくん、良くなった」

「おお、きれいになった」

「見とる子は本当に上手になるよ。分かるよ。見とる姿勢見ると分かるよ」

と名津美先生が声をかけた。

「Ａくん素敵じゃないか。Ｈちゃんとカくん、ちょっとやってくれる」

と、ルミ子先生。

「あんまり前に行かなくていいんじゃないか。上に行ってごらん。そんなにたくさん進まなかったら、もっときれいになるわ」

と恵理子先生が声をかける。

「きれいになってきてるわ」

とルミ子先生。

「Ｆちゃん、できたりできなかったりしている。下りる時、踵をつかない」

と、ルミ子先生。

「踵で着いちゃうと、後ろに行っちゃう。つま先で下りて、踵を着くのはいいけど、踵で下りると、ずっと後ろに行っちゃう。分かった？」

とルミ子先生。

「じゃあ、2組さんの男の子立ってごらん。一番最後だから、一番上手になってきたはずだよ」

とルミ子先生が言い、男の子が始めた。

「おお、よくなった。いいぞお」

とルミ子先生。

「Nちゃんいいねえ。だいじょうぶよ」

と名津美先生。

「Dちゃん、Dちゃんの手が素敵。Jくんもそうだね。あとね、Gくん、3人でやってみて。すごかったよ。良かったよ」

とルミ子先生が言い、

「誰一人喋らず見とるよ。女の子は、目で勉強してるんだね。さすがや」

と名津美先生が、女の子を褒める。こんなところで見ている女の子を褒めた。男の子を指導しながら、女の子を見ている。ここにも学ぶことがある。3人の目が、上げた手を見ていてきれいである。ルミ子先生と名津美先生が二人の子に、同時に、

「もっと手に意識が入るといい。もったいないな」

と言った。二人は、立ったまま、腕を上げる動作をしている。名津美先生は、腕を柔らかく上げながら、

「この手でパッとお花を咲かせて」

と言い、ルミ子先生は、少し膝を曲げ、息を吸いながら腕を上げている。子どもたちもそれぞれやっている。Ｄくんは、その場で膝を曲げて上に大きく伸びながら、腕を上げていた。次に膝を上げて跳ねながら、腕を振り上げている。前よりも大きく柔らかい腕の振り上げになっている。

腕と膝の動きを別々にして指導している。その方が一つの動きに集中して取り組むことができる。男の子は腕の振り上げが柔らかく、大きくなり、花が咲くイメージに近づいていっているようだった。

「そうそう。できる。すごい、すごい」

と、ルミ子先生が褒める。名津美先生も、もう一人の子に声をかけてやってもらう。

「おお、きれい、きれい」

と、ルミ子先生。

「Gくんは何がいいかと言うと、丁寧なんだよ。一生懸命、丁寧なんだよ。だから、いいんだね」

一生懸命さと丁寧さを褒める。褒められることで、褒められた子は更に意欲を持つ。次の課題へ向かう気持ちが高まる。ルミ子先生が、

「あと一番いい方法教えてあげようか。一番上手になる。それはね、誰もいない所に行くの」

と言って、ホップの練習が終わった。

子どもたちのステップに対して、4人の先生方は記録以上にもっと声をかけ、褒めたり励ましたりしていた。子どものちょっとした変化を見つけ褒めるのである。それだけ子どもを見ているし、見る目を持っている。とにかく褒める。

美濃保育園では、いつも人のいない所に行くよう子どもたちに求めている。空間を上手に使ってほしいと願っている。その方が一人ひとりが自分を表現しやすいし、集団としても空間の使い方が

きれいになる。指示されることなく、自分たちで空間を上手に使うことを求めている。常に周りを見ることが求められている。子どもたちには、観察力や判断力、そして協調性などが育っていく。

ホップの練習を通して、先生方が子どもたちに求めていたのは、ホップのリズムを腕を上げる時に取ることであった。それは、膝を上げる時でもある。膝と腕を上げる動作は同時に行われるものである。だから難しいのだろうが、ここを乗り越えた時に美しいホップができる。それを目指して行っていた練習であった。

体を上に持っていく時にリズムを取るのは、ステップ全体に共通しているのではないだろうか。ウォーキングは、床に着く足よりも、上に上げている膝でリズムを取る方が、体が軽やかになる。足を床に着地する時にリズムを取ると力が入り、勇ましい音はするが、それはいわゆる行進で舞踊的なウォーキングとは異なる。スキップも上げた膝でリズムを取る。ワルツは３拍子である。１拍目に大きなリズムを取るとワルツ全体がきれいになる。それも腰を浮かし、胸を開くようにして、上体を柔らかく使うと美しいワルツになる。ステップに共通しているのは、体を上に持っていく時にリズムを取ることではないだろうか。今日のホップの練習はその基本を大切にする動作の繰り返しだったと思う。このホップの指導（練習）が30日のステップ大会に生きていくのであった。

（4）体を使い切り、表現を楽しみ、お話の世界を生きる子どもたち

2018年2月14日〜17日　公開保育研究会直前練習から

2月17日に美濃保育園で公開保育研究会が開かれた。私は例年前日の練習から見せていただいているが、今年は14日が第三水曜の会であったので、14日から17日まで4日連続で見せていただいた。15日は通常の日程だがそれでよければと言っていただいたので、4日間連続の参観となった。お陰で2歳から5歳までの年齢の子どもたちの練習を見ることができ、年長の大きい子どもたちは4日連続で見せていただくことができたので、学ぶことがたくさんあった。そのうちのいくつかを紹介したい。

2歳児のオペレッタ「三匹のこぶた」は、先生が主導で展開していく。2歳児は、自分たちだけでは、オペレッタを演じるのは困難である。先生が子どもたちに語りかけ、一緒に歌うことで子どもたちが参加していく。二人の先生がうまくホールを動き回りながら、子どもたちを引っ張っていき、お話の世界を楽しませていた。

子どもたちは自分の好きな語りを言ったり、好きな曲を歌ったりしていた。体全体を使って歌ったり踊ったりする子どもたちを見ていると、これがオペレッタの始まりかと見ている私も楽しくなってきた。

3歳児は、オペレッタが楽しくてたまらないという印象を受けた。時折、顔を見合わせてにこにこする子どもたちを見ていると、本当に楽しそうだなと感じる。覚えたステップを使って表現したり、

口を大きく開けて歌う子どもたちは時には、登場人物になり切って表現をしている。

４歳児は、「はだかの王様」であった。ステップも歌もしっかりしている。いろいろなステップを使えるようになってきている。どの年齢にも、なかなか自分を出せない子がいるが、４歳児にも１年前から気になっている子がいる。その子が美濃保育園に行くたびに成長を見せてくれる。みんなより少し遅れ気味の表現をする子であるが、「なんとおそろしい　わたしは大臣に　ふさわしくないというのか」という語り（歌）の時には、しっかりとした表情と体の使い方で表現しているのが私の目に入った。こんなにできるようになったのかと驚いた。先生方が長い目で子どもたちを見ているからこそ、現れる子どもの姿ではないかと思った。

５歳児は２学級あるが、どちらも年長らしい表現活動をしていた。かかとが上がるほど息をたっぷりと吸い上げ、おしりが床に着きそうなくらい腰を深く曲げて表現する子どもたちは、体を使い切っていると言えよう。その時に、お話の内容に迫ることができるのではないかと思う。子どもたちはお話を十分に味わい、お話の世界を生きているようであった。見ている私たちもお話の世界に引き込まれる感じであった。

次に、表現創りの実践から３つの事例を、写真を通して紹介したい。

１．入門期のオペレッタづくり～「三匹のこぶた」（２歳児）から～

３番目のこぶたがレンガの家を作る場面である。教師が、

「今度はもっと強いおうちを作りたいんだけど、どんなのがいいかな」

と問いかけると、子どもたちは口々に、

「れんが」

「れんが」

「れんがのおうち」

と言う。教師は、

「ようし、それじゃあ、レンガのおうち作ろう」

と子どもたちを誘う。

「よいしょ　よいしょ　よういしょ」

と歌いながら、レンガを集める
「そうら　そうら　そうら
　レンガのおうちを　作ろう」

と、歌いながらレンガを積み上げていく。教師も一緒にレンガを積み上げる表現をする。子どもたちは全員一生懸命歌っていた。写真1の子は、この時は、一番前で歌っていた。腕を開いて、口も縦に大きく開いて歌っている。これが2歳児かと思うような体の使い方である。お話の世界にすっかり入り込んでいるのだろう。

　歌が続く。

「よいしょ　よいしょ　うんとこしょ

写真１

たいへん　たいへん　うんと
　こしょ」
と、子どもたちはレンガのお家を作り続ける。
　写真２の子は、歌いながらレンガを運んでいる。これにも驚いてしまう。教えてできるものではないと思う。写真でも分かるように、教師は後ろから支援している。この子もお話を体全体を使って表現している。
　教師は、
「さあ　もっと集めるよ」
と、子どもたちを励ます。
「よういしょ　よういしょ
　そうら　そうら　レンガの　おうちを　つくろう
　たいへん　たいへん　うんとこしょ
　そうら　できあがり」
と、歌い上げる。子どもたちはとても嬉しそうにしている。

写真２

写真3は、

やっつけた　やっつけた
おおかみなんか　こわくない

と歌っているところである。後ろの子どもたちもしっかり歌っている所が素晴らしい。おおかみをやっつけてみんなで喜びの歌を歌っている。

教師が子どもたちに「こんどはもっと強いおうちを作りたいんだけど。どんなのがいいかな?」と問いかけたり、「ここに作るよ」と場所を指定したりしていた。

こうして、お話の流れや表現の場所を指定することにより、子どもたちがお話を楽しんだり、表現活動ができるように支援している。

もちろん一緒に歌ったりもしていた。

まだ、2歳児なので、子どもたちだけでは、オペレッタは表現できない。教師が中心になって動いたりすることによって、子どもたちも動けるようにしている（写真4）。

子どもたちは、一人ひとりが自分で教師の声に反応し、歌を歌ったり、台詞を言ったりする。時々は

写真 3

一緒に動くこともあり、歌もそろって歌うことがある。
基本的にはまだ、自分が一人で動くという印象がある。それでもお話の世界を十分楽しんでいるようであった。入門期のオペレッタづくりの貴重な実践である。

２．味わい深い表現をする子どもたち
～「手ぶくろを買いに」（５歳児）から～

年長の子どもたちの表現活動である。ピアノが響き、子どもたちが入場して来る（写真５）。子どもたちは入場からすでにお話の世界に入っているという印象を受けた。この姿だけで圧倒される。膝を柔らかく使い、目線がしっかりしている。

なあれ　なあれ　なあれ
人間の手に　なあれ

写真４

写真5

写真6

母さんぎつねの歌である。子ぎつねの手を包み込む母ぎつねを表現する子どもたちである。表現の大きさが母ぎつねの子ぎつねを思う気持ちの深さを表現しているようだ（写真６）。

場面は、子ぎつねが一人で手ぶくろを買いに町に行き、帽子屋さんの戸をたたくところである。開いた帽子屋さんの家の明かりがまぶしく、子ぎつねは間違えて、本当のきつねの手を出してしまう。

おやおや　これは　変だぞ
おやまあ　これは　きつねの手
お金も　木の葉に　ちがいない

疑いの目を大きく表現している（写真７）。腰を低くして、体を前に乗り出すような体の使い方が、疑いの大きさを表しているようだ。この表現の大きさが、次の手ぶくろを売ってくれた人間の優しさと対比的になっていて、表現を分かり易く

写真７

し、より深い表現になっていると思われる。

お母さんは、人間は恐ろしいものだとおっしゃったが、
ちっとも　恐ろしくないや
だって　ぼくの手を見ても　どうもしなかったもの

という子ぎつねの語りに繋がっている。

あれっ　何か　聞こえるぞ
なんて　やさしい声なんだろう
これは　にんげんの　おかあさんの声にちがいない
ちがいない（全員で繰り返す）

写真8（次頁）は人間の母親の子守歌の耳を傾ける子ぎつねを表現している。耳で聞くだけなく、心で聴いている。人間の母親の優しさに心を動かされる子ぎつねを見事に表現している。母ぎつねの優しさと重ね合わせているのかもしれない。

写真9（次頁）は、人間の母親の子守歌を歌う女の子である。声も優しく、体全体で母親の優しさを表現している。目線もしっかりしていて、子どもへの思いを伝えようとする気持ちが読み取れる。

写真８

写真９

3. おはなしの世界を生きる子どもたち
～「あほろくの川だいこ」（5歳児）から～

臼をひいてや　この手をさわる
あんや見るより　ひきなされ
ひこうよ　ひこう　石臼ひこう
ろくよおまえは　あの山うらで
こうして臼を　ひいたのか

石臼の歌を歌う子どもたちである（写真10）。膝を深く曲げ、体全体で石臼を碾く表現をする子どもたちである。体全体を使うことで子どもたちは石臼の重さや石臼碾きの大変さを感じ取るであろう。そして、見る者にそれを伝えることができる。子どもたちは一生懸命石臼を碾いていた。

村のもんよ　ろくは歌も歌えるぞ
ろくをあほうと　言うではないぞ
言うなあほうと　ろくのこと

写真 10

　こうして村の者たちに歌いかけた後、ろくに歌を歌わせようとするが、ろくには、歌えなかった。ろくは歌おうとするが、声が出ないのである。

　写真11の子はろくを演じている。本当に歌を歌っているようである。しかし、声は出ていない。こんなに口を大きく開けて、今にも声が届いてきそうである。ろくになりきっている。迫真の演技と言えよう。

写真11

　ほれ　ろくは歌えない
　やっぱりおまえは　あほろくだ

　村人たちがろくにぶつけた言葉である（写真12）。子どもたちは本気になってろくに声を投げつけている。これほどの演技があるのだろうかと思ってしまう。まさにお話の世界を生きている。

だからこそ、後になって村人たちはろくをばかにしたことを後悔する。表現をすることを通してその気持ちが子どもたちに理解できるのではないかと思われる。

ある晩　とうとう　嵐が　やってきた
つつみが　切れた
にごり水！

濁流が流れてくることを伝えようとする子どもである。「堤が　きれた！」に引き続き「にごり水！」と叫ぶ村人を表現している。全身で叫び、村中に伝えようとしている（写真13）。

もとより　ろくは　おらなんだ
ごうごうごうと　水の音
川のそこから　ろくの声
どっとどん　どっとどん　どっとどん
ろくの声

写真12

村人の顔になっている。ろくそのものになっているのかも知れない。表現の世界を生きている子どもたちであった。

一つひとつの言葉、一つひとつの歌、そして、身体表現と、体を使い切って表現する子どもたちであった。ろくに成り切り、村人に成り切って表現する子どもたちである。お話の世界（「あほろくの川だいこ」の世界）を生きている子どもたちであった（写真14）。見る者にお話の世界が十分伝わってくるし、感動を覚えさせる「あほろくの川だいこ」であった。

４日間毎日見ていて、日ごとに表現が変わっていくのが感じ取れた。先生方も毎日新しい発見と気づきがあり、それが子どもたちの表現活動に現れてくるのであった。日々教師に求められることがあるから、子どもたちはついて来るし、先生方も子どもたちから学んでいるようだ。公開の前日

写真13

には、もうこれ以上やることはないほどの集中を子どもたちは見せてくれた。しかし、17日の公開ではそれ以上の集中と表現力を発揮するのであった。「手ぶくろを買いに」も「あほろくの川だいこ」も子どもたちは表現を楽しむだけでなく、お話の世界を生きていると言えるような表現を見せてくれた。終曲の「どっとどんどっとどん」と歌う子どもたちはろくそのものの声に聞こえてくるし、「白いあかりの森のうた」は、きつねの母親と人間の母親の優しさにふれたから、歌える子どもたちの歌のように聞こえた。

斎藤喜博先生は「表現は人間を解放する」と言うが、子どもたちを見ている私も解放されていくようであった。そこにいる子どもたちは、本当に素晴らしく輝いていた。

写真 14

（5）教師の声が届く時・「あしびの花」の指導から

２０１９年５月15日・第三水曜の会

これは５月15日の美濃保育園第三水曜の会の年長５歳児すみれ２の歌「あしびの花」の指導の様子をビデオから記録を起こしたものである。聞き取れないところもあるが、大体は再現できていると思われる。表現活動のお話づくりと歌の指導が大変参考になるので、以下紹介していきたい。（記号のＴは担任の辻佐都美先生、園長は雲山園長先生、Ｃは子どもたち、智恵美先生は大西智恵美先生を表す）

伴奏者との初めのあいさつが終わると、すぐに指導が始まった。

Ｔ　ちょっとみんな手出して。

辻佐都美先生は、体の前に両腕を伸ばして、手のひら　を上に向けて見せる。子どもたちも同じようにしている。

Ｔ　先生これからあしびの花の苗をあげる。

と言って一番右手の子から順番に手のひらに苗木を渡していく。はい、はいと言いながら、渡す表現をしていく。

T　持った？　じゃあ、あしびの花を、この広いどこかに自分の好きな所に植えてきて。でも急いで行くと、ここにある苗の根っこが痛んだり、土が落ちたりするから大事にして、ウォーキングで広い所に。

ピアノが鳴る。辻先生は、手のひらに乗せて、ピアノに合わせて、膝でリズムを取る。

T　上の方に上げて行こか。ちょっと上の方に。落ちちゃうといけんから、大事にね。

T　くっついていると、大きなあしびの木にならないからね。

園長（先生）　あっちの方もいい所ある。

Ｔ　自分の所探して。慌てちゃうと落ちちゃうよ。

ピアノが止み、辻先生は、

Ｔ　大事に下ろして。
穴あけて。
あしびの苗を穴に入れて。
優しく土をかけて。

この間、子どもたちは黙って先生の話を聞きながら、表現している。

Ｔ　あしびの花を育てるには何がいる？
Ｃ　お水。
Ｔ　じゃあ、みんなで水をかけてみよう。みんなの手から。
Ｔ　強い水がいいかな？
Ｃ　うん。

C　弱い水がいい。

T　どんな水をかけると。

C　強い水。

C　弱い水。

T　弱い水がいい？　じゃあ、ちょっと考えて。どんな水をかけると、あしびの花が大きくなるか考えていくよ。

ピアノが鳴り、子どもたちが踊り出す。

T　あしびの花を踏まないようにね。

子どもたちはピアノに合わせて、膝でリズムを取りながら動いている。

T　Dちゃん、見て。Dちゃん踏まない。（走っている子に）Dちゃん踏まないで。

ピアノが止む。

Ｔ　お水をかけたら、今度は太陽の光が必要になる。みんなで暖かい太陽の光を。

辻先生は、腕を下から体の前の方に振り上げながら、

Ｔ　それえー。みんなで太陽の光をあしびに当てて。せえの、それえー。

子どもたちも腕を振り上げながら、あしびに太陽の光を当てる動作をする。辻先生は、腕を伸ばしながら、

Ｔ　届くまでー。

と子どもたちの手が高く伸びるように求める。辻先生は、体を後ろに引いて、呼吸を入れてもう一度。

T　もう一回いくよ。それえー。

腕が高く伸びたところで、指を振るようにする。ピアノの音も小刻みに鳴る。

T　芽が出てきたよ。みんなのあしびがどんどん大きくなるよ。

子どもたちは、体を揺らしながら、合わせた手のひらもゆらして、だんだん上に体が伸びていく。

園長　だんだん伸びてきた。

辻先生はかかとも上げて、背伸びをして、子どもたちも背伸びをする。子どもたち楽しそうに笑っている。体が伸び切ったところで、フォローで体を回転させていく。子どもたちも同じように動いている。2回回ったところで、右手を斜め上に広げながら、

Ｔ　葉っぱが出てきて。

次に左手を斜めにゆっくり上げながら、

Ｔ　こっちの葉っぱも出てきて。

最後に両腕を交差させて振り上げながら、

Ｔ　お花が咲くよ（と、ヒール＆トゥーのトゥーのポーズを取る）。

園長　ああ、きれい。

Ｔ　まあ、ステキ！

Ｔ　じゃあ、歌を歌いましょう。

「あしびの花」の前奏が始まる。

Ｃ　あしびの花は。

と子どもたちは歌い出す。

園長　今、そこすごくいい声出ていた。

と、後ろの方の子どもたちを指さして言った。

T　ちょっと栄養が足りんかった。みんなにも、じゃあ佐都美太陽が、

と言いながら、子どもたちに近づいて行き、腕を上げて、手を振りながら、太陽を当てるような仕草をする。「キラキラキラキラ」と言いながら動作をする。二人の子の顔の前で「キラキラ」と言いながら、手を振る。

T　オーケー。あっ、水ほしい？

辻先生は、2～3歩前に出ながら、両腕を下から上に伸ばしながら、

T　ビジャー！

C　うわっ！

C　キャー！

と言って嬉しそうな顔をする。辻先生は、腕を下から上げながら、

T　みんなにね、息をあげるから。行くよー！

ピアノの前奏が始まる。子どもたちは、先生の指揮に合わせて、大きく息を吸い、

C　あしびの花は白い花。
　あしびの花は小さな花。
T　みんなであしびを光らせてよ！
C　白い花は　あつまって。
T　もっと。
C　小さな花は　あつまって。
T　いくよ！
C　しろじろと　咲いている。
T　いっぱい吸って！
C　きぬのいろして　咲いている。
T　いくつくらい咲いたかな。ちょっとまだ栄養が足りんなあ。

男の子が一人、先生に近づいて来て何か言う。

園長　男の子の声が聞こえてこんかな。耳がおかしいんかな。

男の子が「水が○○」と言っている（聞き取れない）。

T　じゃあ、女のあしび座って。男あしびでやってみよう。いくよ。

園長　「あしびの　花は」まで歌う。

T　Fくん、見えーん。ちょっと横に動いて。

Fくん動く。

T　オーケー！

園長　みんなの顔が見えるといい。

前奏が始まる。

T　「あしびの花」は吸ってよ。

C　あしびの花は　白い花。

園長　はい、じゃあストップ。あしびの花は（と歌い）息を吸って、「白い花」（と歌い）一回だけ、息を吸える。できる。「あし」で吸っちゃう子がいたねえ。あしびの花は（歌いながら、腕で一息の仕草を入れて）まで行けるといいよね。

T　あしびの花は（と歌いながら、右腕で大きく半円を描くように回している。）

園長　たっぷり吸わないと、息が切れちゃうからね。

男の子が一人、一歩出ながら、音を立てて息を吸って見せる。

園長　ああ、そうそう。それならできるかなあ。

Ｔ　ああ、吸えた。

園長　行くよ。じゃあ、行きましょう。

Ｔ　Ｋくん、行くよ。せえの。

Ｃ　あしびの。

Ｔ　だめ、だめ、「びの花」になっとる。

Ｔ　行くよー。あっ、ちょっと待った。Ｋくん、見てくれへん。もうちょっとこっちに移動してくれたらどうかしら。

Ｔ　行くよ。あしー。

園長　しっかり吸って。あー。せえの。

辻先生は、下から腕を上げながら、息を吸わせる。男の子たちは先生の指揮に合わせて、音を立てて息を吸って、「あしびの花は　白い花」と歌う。「あしびの花は」と、「白い花」と一息で歌える子がいる。声は出ているが、「しろーいー花」と「い」と「花」と刻んで歌う子がいる。

園長　ああ。ここでは随分声が出てきた。

T　「あしびの花は」と腕を大きく円を描くように振りながら、次に「あし」「び」「の」「花は」と区切って、力んで歌って見せる。

子どもたち笑っている。

T　Dちゃん、だいぶできるようになってきた。
T　行くよ。せえのー。
C　あしびの花は　白い花

男の子たちは、「あしびの花」と「白い花」を一息ずつで歌っていた。

園長　できたね。
T　じゃあ、今度は逆。交替。

辻先生は、ここから、「あー　しー　びー　のー花は」と歌いながら、女の子たちのすぐ前まで行き、次は後ろに下がりながら両手を上げて、「花

は」の「は」で強調して、

Ｔ　行くよ。すぐ入るよ。

園長　すぐ入るよ。

園長先生と辻先生は同時に「せえの」と言いながら、子どもたちに息を吸わせ、二人とも指揮をする。辻先生はその場で、「あしびの花」で両手を上げる。園長先生は、左手で辻先生の後ろまで伸ばすように、指揮をしている。「白い花」で、園長先生は遠くまで声を伸ばすイメージで指揮をしている。

Ｔ　とってもきれい。

園長先生も褒めているが、聞き取れない。

Ｔ　今度は、もっと栄養吸って。

と言いながら、息を吸って見せる。息を吸う音がする。子どもたちは、笑う。

Ｔ　行くよ。もっと出す。もっと音出すよ。行くよ。今ね、ここら辺までしか、（参観の）先生たちの所までしか、届かなかったん（手で示しながら）。行くよ。

と、子どもたちに、息を吸わせる指揮をする。女の子たちは、先生をしっかり見て、音を立てて息を吸い、歌い始める。

女の子たち　あしびの花は　白い花
　あしびの花は　小さな花
　白い花は　あつまって
　小さな花は　あつまって
　しろじろと　咲いている
T　こやしもっとやるよ。（はっきりとは聞き取れない）
　　きぬのいろして　咲いている

辻先生は、「咲いている」のところで、右手を高く上げ、手を揺らしながら「もっともっともっとも っともっと」と言って指揮をする。歌い終わると、

園長　きれいな、絹の色が、綺麗な子がいたね。あの子かな。

と、Yちゃんを指さす。

Ｔ　じゃあ、Ｙちゃんどうぞ。

他の子たち全員座る。Ｙちゃん一人が立っている。園長先生は、「きーぬーの色して」と、歌いながら、園長先生と辻先生が同時に、「せえの」と言う。Ｙちゃんは一人で歌い出す。「きーぬーの」ところは奇麗に声を出している。「色して　さいている」は、少し音がはずれ、声も少し小さくなる。

園長　うわあ。頑張ったね。

Ｔ　どうおー、Ｄくん。どうお？

園長　ありがとう。

Ｔ　Ｍちゃん。

と、次の子を指名する。

Ｔ　行くよ。

園長　きーぬー。行きましょう。

Ｍちゃんは一人で歌う。今度は音もとれてしっかりと歌っている。

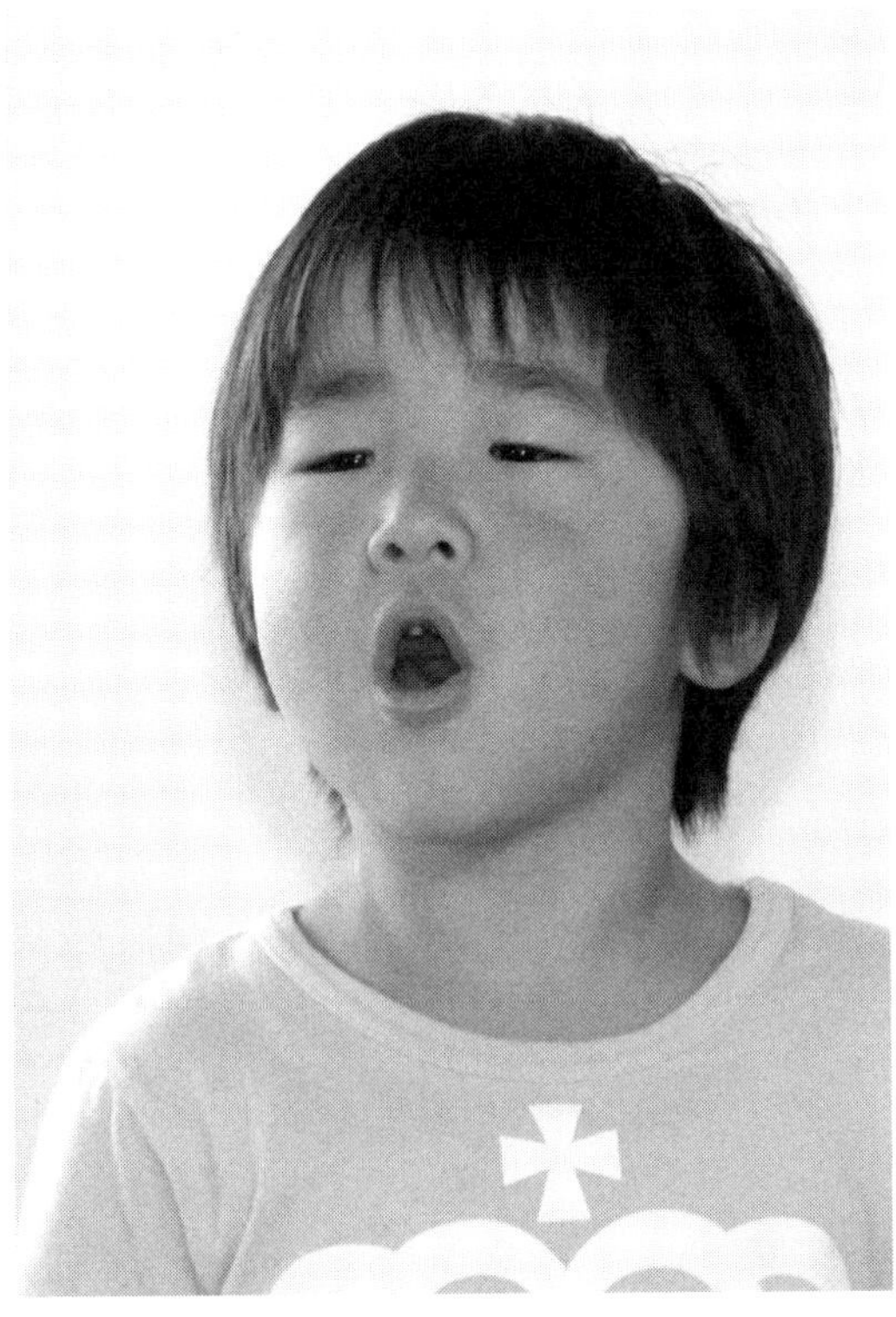

Mちゃん　きぬの色して　咲いている。

「咲いている」の「いる」のところで声が小さくなる。

辻先生は、オーケーと言いながら、拍手する。

T　今度は、男の子（と手をたたいて、男の子を立つよう促す。男の子たち立つ）。

T　男の子「きぬのいろして」行くよー。

男の子たちは、先生の指揮に合わせて、息を吸って、歌い始める。大きな声で、

男の子たち　きーぬーの　いろして。

と歌うが、少しずつバラバラになっていく。男の子一人が、「いーるー」と力んでしまうが、皆最後まで歌っていた。

T　だいぶ最後まで歌えた子がいたねえ。Nくん、どう？　一人で歌えそう？　じゃあ、Dちゃん

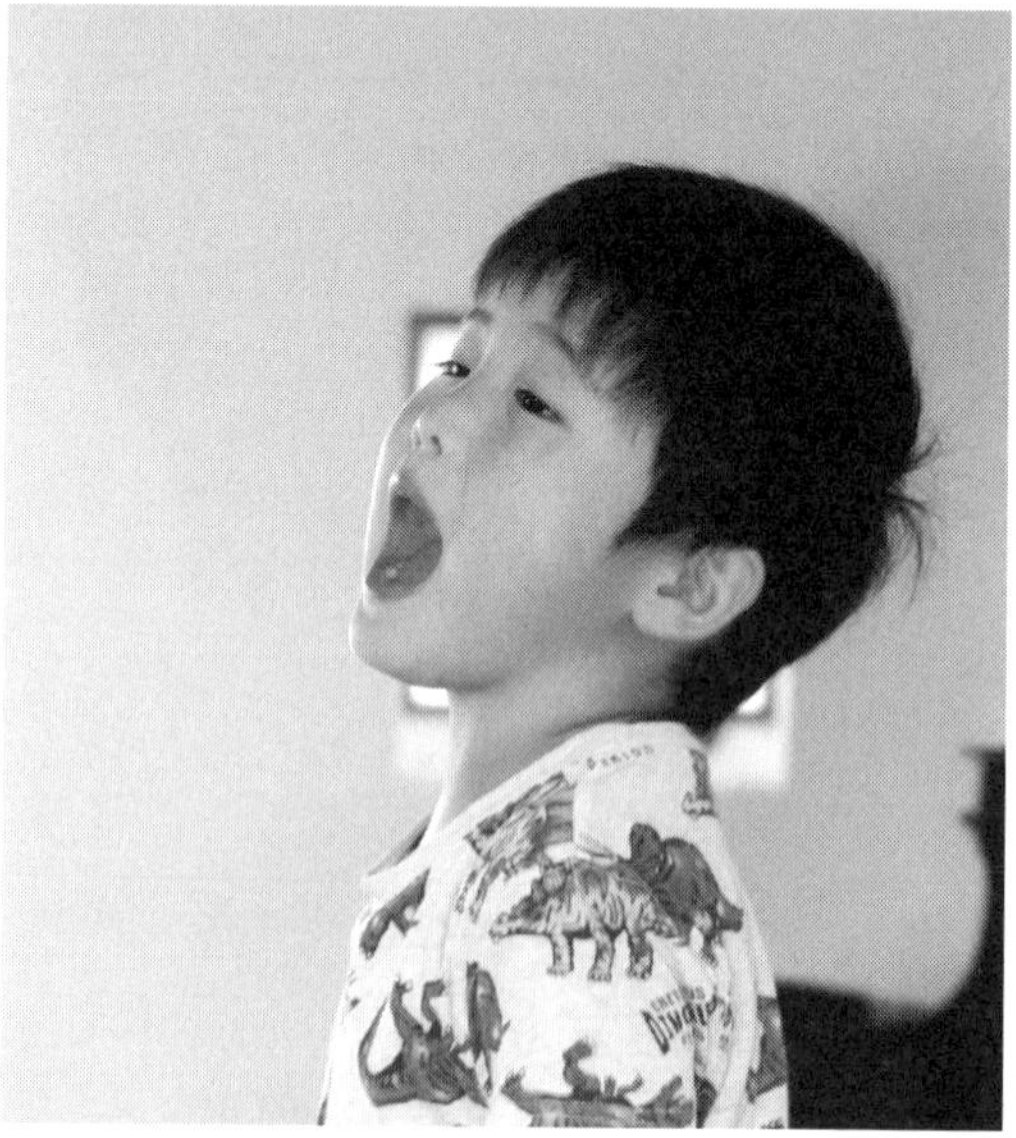

とNくんで歌ってもらおうかな。じゃあ、みんな座って。DちゃんとNくんで行くよ。

二人が歌う。Dちゃんは、音を区切って力んでしまう。Nくんは、少し声が小さい。

T　Dちゃんすごーい。じゃあ、こんどは男の子と女の子と一緒に歌います。じゃあ、立ってください。

T　ちょっとねえ。たぶん、くっついているもんでねえ。根っこがねえ。ここら辺までしか、伸びていない。

T　ウォーキングでね。

子どもたち、ピアノに合わせてウォーキングで場所を移動する。

T　じゃあ、最後の歌になります。

ここで、辻先生は、首に手を当てて、「首つった」と言っている。園長先生は「どうした?」と聞いた。辻先生は、「痛い、痛い。よし。運動不足がこんなところに。「ようし、行くぞ」と言った。

T　最後の歌、行きます。根っこはれた?　いっぱい?　広がれた?

子どもたち、「うん」とうなずく。

T　じゃあ、いいな。ステキな声が出るはず。
（伴奏者に向かって）お願いします。

C　あしびの花は　白い花
あしびの花は　小さな花

T　一人ひとりあしびの花を光らせてよ！

C　白い花が　あつまって
小さな花が　あつまって
しろじろと　咲いている

T　（何か言っているが、聞こえない）

C　きぬの色して　咲いている

園長　「咲いーてー」そこ頑張って。「咲いーてー」のところ行くよ。

園長　「きぬの色して　咲いている」まで行きましょう。

T　光らせて。もっと光らせて。もっと光るはず！　目を開いて。

園長　「きー」と伸ばして、さん、はい。

辻先生は、何も言わずに、息を吸いながら、指揮をしている。

Ｃ　きぬの色して　咲いている

Ｔ　もっともっともっともっとー。

園長先生は、両手を上下に開いて、辻先生は、両手を頭の上で左右に開いて指揮をしている。

Ｔ　ちょっと良くなってきた。あら、……（聞き取れない）。

園長　やっぱり目も開けて、口も開けるといい声になるよね。

Ｔ　あらゆる穴から吸ったもんね。耳も、この皮膚も、おへそも、おしりも。

Ｔ　じゃあ、最後。ばしっと決めて。きぬね、もっと光るかな。

園長　（左側の女の子たちを指して）この子たち、光っているね。

辻先生は、座っているＤちゃんも、歌うよう誘いに近づく。

Ｔ　Ｄちゃん、休憩？　よし、じゃあ、Ｄちゃんの分も頑張って。もしかしたら、みんないい声出したら、Ｄちゃんも来るかもしれない。嬉しくなって来るかもしれない。Ｄちゃんもいい。咲かない？　じゃあ、行きます。きぬの。

園長先生が、「きー」と声を出す。
辻先生は、自分で息を吸いながら、体全体で指揮をする。
子どもたちは歌う。声が伸びていて、最後まで息も続いて、しっかりと歌っている。

園長　ああ、いい声が出た。
T　Dちゃん、感想をどうぞ。今の絹どうだった。
智恵美先生　良かったよ。ねえ、ここで見ていても「色」も良かった。
T　良かった。まる？

Dちゃんが体を横に曲げながら、指でまるの形を作る。

T　あっ、見て！　Dちゃんがサインをしてくれた。やったやったやったやった！

と手をたたく。女の子数人が飛び上がり、手をたたいて喜ぶ。

T　じゃあ、気持ち良くなったところで、まるサインいただいたところで、ワルツ行きましょう！

（ここまで授業開始から約20分が経過）

「あしびの花」の苗木を植える表現活動は、子どもたちは初めから集中して辻先生の話を聞き、先生と一緒になって表現をしていた。初めのあいさつが終わるとすぐに活動に入ったところも良かった。子どもたちは何も言わなくても話も聞くし、表現活動も始めていて、無駄のない活動が進んでいた。あしびの花のお話づくりを通して子どもたちに、「あしびの花」を歌う体の準備と心の準備ができたのではないだろうか。

歌の指導に入ってからも子どもたちは、集中して頑張っていた。途中、子どもの歌が変わる場面があったが、その時は、辻先生が呼吸の指揮をしていた。先生自身が、音を立てて息を吸いながら指揮をしていた。そうすると、子どもたちも一緒になって息を吸う音が出るくらいしっかりと息を吸っている。そして、口も開き、言葉もはっきりと聞こえてくる。呼吸が深いとひとくくりの言葉がしっかりと歌えるし、内容のある歌に変わっていくようである。

今回は、園長先生が一緒に指導をされていた。二人一緒に「せえの」と指揮をしている時もあるが、園長先生が「せえの」と言い、辻先生が自分で息を吸いながら指揮をしていた。この時に子どもたちがより深く息を吸えていた。集団指導の良さと言えるのではないだろうか。美濃保育園ならではの指導を見せていただいた。年度初めの５月にこんな指導をしている園の姿勢に学ぶところがある。先生方自身が変わろうとしているし成長しようとしている。それが子どもたちの成長につながる。

（6）積み重ねが力を付ける！

２０１９年６月15日・第三水曜の会

美濃保育園ひよこ組の第三水曜の会での活動が、５月と６月に同じように「ことりのうた」で始まっている。しかし、２つの活動に大きな違いがあったので、これを紹介したい。

1．ひよこの5月の活動から

初めに５月15日の活動である。指導者は加納恵理佳先生である。Tは加納先生、Pは子どもたちである。ピアノ伴奏は鈴木恵理子先生である。

T　ひよこさーん、今度はひよこさんの番やね。じゃあ、立ってください。恵理子先生が遠いところにおるでね、大きな声でごあいさつするよ。お願いします。

P　お願いします！（先生と一緒に言う）

恵理子先生　頑張ります！

と言って、ジャンプしながら、腕を上げる。

CAUSE I
WANT TO
WIN THE
FAVOR OF

P　（先生と一緒に跳びはねながら）頑張ります！
T　さあ、みんなね、ことりさんになってね。広い所ね、見つけて飛んで行くよ。いい？　ことりさんの羽、準備してよ。

腕を広げて見せながら、

T　広い所、飛んで行くよ。

腕を上下にゆらしながら声かけをしている。ピアノが「ことりのうた」の伴奏を始めると、先生が腕を広げ、先頭で出て行き、子どもたちも両手を広げて出て行く。支援の先生たちも子どもたちに混じって出て行く。大半の子どもたちは走って行くが、数名はまだ歩いている。ようやく歩けるようになった子どもかもしれない。

T　いい所、見つけて止まろうかな。はーい、とーまーった。止まれた？

と言って、踊るのを止めて、立ち止まる。子どもたちも立ち止まる。子どもたちは、大体先生の近くに集まって来る。

T　さあ、今度はね、みんなね、お父さんの鳥さんとお母さんの鳥さんを呼んでみるよ。元気よく呼んでみようね。

半数の子は、先生の方を見て、話を聞いている。先生の指揮に合わせて、ピアノが始まる。子どもたち何人かが大きな声を出す。言葉になっていないので聞き取れない。

T　（前奏に合わせて）せえの！
P　ことりはとっても　歌がすき
T　かあさん！
P　かあさんよぶのも　歌でよぶ
T　（何か言っているが、聞き取れない）
P　ピピピピピッ　チチチチチッ

先生は、「ピピピピピッ」と歌うと、

T　こっちも。

と声を出す方向を手で示した。

T　元気よく！

P　ピチクリピッ

ピアノの間奏が入る。

T　次はね、お父さん呼ぶよ！

ピアノに合わせて、

T　せえの！

P　ことりはとっても　歌がすき

T　とうさん！

P　とうさんよぶのも　歌でよぶ

ピピピピピッ　チチチチチッ

ピチクリピ

ここで歌が終わる（ここまで約3分間の活動であった）。

２．ひよこ組とちゅうりっぷ組の６月の活動から

次は、６月19日の活動である。この日は、ちゅうりっぷ組の担任が体調不良で休暇を取ったので、急遽ちゅうりっぷ組とひよこ組が合同で活動することになった。指導者は、加納恵理佳先生と大西智恵美先生である。前半の加納先生が指導している部分を一部紹介したい。

担任の加納先生は、伴奏の鈴木恵理子先生と簡単な打ち合わせをしている。子どもたちは、入り口付近に座っている。何人かは自由に歩き回っている。打ち合わせを済ませ、子どもたちの所へ戻ろうとすると、研究者（美濃保育園には、昨年から大学の先生方が数名授業の記録を取りに第三水曜の会に参加している）からピンマイクを渡されて、シャツに付ける。子どもたちはそれを見ている。加納先生はマイクを付け終わると、子どもたちの側に行き座る。

Ｔ　みんなさ、これできる？　グーできる。さあ、何しようかなあ。グー　チョキ　パーで。

「グー　チョキ　パー」と指でグー、チョキ、パーを作って見せながら、

Ｔ　グー　チョキ　パーで
　　何つくろう　何つくろう

と、手を左右に振って見せる。右手はパーで、先生は左手をパーにして見せる。子どもたちと向かい合っているので、左手を出したものと思われる。ここは、ゆっくりと手を上げていきながら行ってい

る。

T　左手もパーで

右手をパーにして見せる。

T　ちょうちょさんになった？

両手を頭の上で並べて見せた。

T　ちょうちょ　ちょうちょ

と手遊びの歌にしている。

　子どもたちも真似をして遊んでいる。子どもたちの周りでは、支援員の先生たちも一緒に手遊び歌を歌いながら、ちょうちょを作っている。

　ここで、先生が何か言うが聞き取れない。

T　グー　チョキ　パーで

グー　チョキ　パーで
何つくろう　何つくろう
Ｔ　右手は　パーで

さっきよりゆっくりと右手を大きく伸ばして歌う。

Ｔ　左手も　パーで

左手を伸ばし、両腕を大きく伸ばして、歌う。
次に、両腕をゆらし、ゆっくりと立ち上がりながら、

Ｔ　ことりさん　ことりさん

と歌い続ける。子どもたちも立ち上がる。

Ｔ　みんなのお手々がことりさんの羽になったね。飛びたくなったね。散歩してこようか。

と言って、一斉に広い所に飛び出していった。自分で飛びはねる子、支援員に手を引かれて出て行く子、様々である。まだ歩けない子は、支援員が抱っこして出て行く。中には、「きゃー」とか声を出している子もいる。先生は立ち止まって、

T　歌を歌いたいなあ。

と言うと、ピアノの前奏が始まる。

P　ことりはとっても　歌がすき
　かあさんよぶのも　歌でよぶ

先生は、子どもたちが見える所で指揮をしている。

P　ピピピピピッ
　チチチチチッ
　ピチ　クリ　ピ

「ピピピピッ」は、左手の方へ、「チチチチチッ」は、右手の方へ指揮を進め、「ピチクリピ」は、両手で指揮をする。

T　ことりさんの羽が……。

と言いながら、腕を下に下ろして体を休めるようにしていく。子どもたちもお座りし、手を床に付けていく。１歳児は立ったままの子もいる。言われたことがまだ理解できていないのかもしれない。

２歳児は、先生の言葉に付いていく子が多いので、自分で動いているが、０・１歳児は、先生の言葉には、すぐには反応できないようだ。しかし、２歳児が前で活動するのを見て、真似をするように活動していくことが多いようだ。まだ歩けない子は、支援員が抱っこをしてその周りで子どもと一緒に活動したり、活動を促したりしている。２歳児が前で活動しているのを見て学んでいるよう

だ。０・１歳児と２歳児が合同で活動する良さが出る授業となった。

先生の子どもたちにかける声も５月と６月では異なっている。始まりが、手遊び歌で始まっている。手遊びをしているうちに、子どもたちが、自然とことりの世界に入って行けるように指導している。ちょうちょからことりになる時も、手の小さな動きから腕を伸ばす大きな動きへと発展していっている。そして、飛び出す子どもたちであった。

また、授業の始まりに、いつもは伴奏の先生とあいさつをして始まるが、いきなり手遊びを始めた。子どもたちは、自然にお話の世界を楽しめるよう工夫がされていた。ちょっとしたことであるが、大きな挑戦であったと思う。先生たちで話し合って、こういう取り組みをすることにしたそうだ。いつもやっていることを、変えるのは大変なことである。しかし、本当に子どもたちのことを考えて決めたことである。そこに真の実践者がいる。

３．真価が問われる時（６月16日のすみれ組合同の指導から）

次に、すみれ組合同での活動の初めの場面を紹介したい。この日は、１組担任が体調不良で休むことになったので、急遽２組担任の辻先生が一人で、すみれ１組と２組を合同で指導することになった。先にホール（遊戯室）に来た２組の子どもたちと１組の子どもたちを待っている時のことである。Ｔは辻先生、Ｐはすみれの子どもたち、ピアノ伴奏者は鈴木恵理子先生である。

担任の辻先生が、天井につり下げられているカメラの話を始める。

Ｔ　先生たちで、事務室でカメラで撮ったものを見ているの。これ見て、Ｋくんいいなあ。ああ、

Mちゃんのお口いいねえと話したりしているの。これ見て、先生たちお勉強会しているの。知らんかったやろ。

Ｔ　知っとった。

Ｐ　知っとった？　本当？

Ｔ　知らんかったやろ。バスで早く帰るもんな。

ステキな子、このカメラで追ってます。

Ｐ　本当？

Ｔ　ホントにホント！　このカメラはステキな子を追っているんだから。やり終わってから、ステキや、わあ、ステキ！　って見とるんやけど。

Ｐ　園長先生も、いいなあって言ってくれるの？

Ｔ　そう、園長先生がいいなあって褒めてくれたり、先生たちが、あの子いいですねと褒めてくれたりするんだよ。

と言うと、子どもたちは笑い声を出したりしている。

Ｔ　１組さん来る……。

後は聞き取れない。

子どもも何か言っているが、聞きとれない。

T　1組さん、まだ給食の片付けしとる……
(聞き取れない)。

T　ちょっと座って。

と言いながら、先生は膝を抱えて座る。

T　これ、できる?

T　じゃ、それで。

と言いながら、後ろに下がって行く。

T　ピアノに合わせて、1・2・1・2と、ここまで来て。

T　せえの。

ピアノが始まる。先生は、しゃがんで手拍子を打つ。子どもたちは、しゃがんだまま、膝を抱えて先生の方へ歩いていく。膝から手が離れた子は数

人早く先生の所に到着する。逆に、膝をしっかり抱えた子は、ゆっくり歩いている。先生の所に着いた子どもたちも手拍子を打っている。膝をしっかり抱えた子どもたちも４人、先生の所に到着する。

Ｔ　じゃあ、これできる？

と言って、先生は、今度は、しゃがんだまま手を後ろで組んで見せる。うさぎ跳びのような格好になっている。子どもたちも手を後ろで組んでいる。

Ｔ　じゃあ、どうしよう。

と言いながら、後ろで組んでいた手を放し、頭の上にうさぎの耳のように手をあてる。

Ｔ　ピヨーン、ピヨーン。

と言いながら、手を頭の上に伸ばし、大きくジャンプして見せる。２回跳んだところで、

Ｔ　せえの。

と言い、子どもたちもジャンプを始める。ピアノが子どもたちのジャンプに合わせて鳴り始める。子

どもたちが元いた場所に戻ったところで、ジャンプが終わる。男の子が一人、最後になってしまった。この子は、一番前だったが、横に抜けて、一番後ろに回っていた。もっと跳びたくなったのかも知れない。

T　Dちゃん頑張れ、Dちゃん頑張れ。

と励ました。

T　じゃああ、今度は、すみれグループ。こうやって、寝っ転がって。

と言いながら、先生が、手と足を伸ばして、床に横になって見せる。

T　で、いい。手も足も、ピンピン。真っ直ぐで、こうやると、広がるといい。

すみれグループの子どもたちが前に出て来る。

Ｔ　で、向こうまで転がって行く。その次、さくらグループ準備しといて。

Ｔ　真っ直ぐだよ。手も足も真っ直ぐだよ。

子どもたち、手のひらを顔の前（頭の上の方）で合わせ、膝を伸ばしている。

Ｔ　はーい。

と言うと、子どもたちは転がり始め、ピアノも鳴る。

Ｔ　Sちゃん、ピアノに合わせて、ピアノに合わせて。はーい、さくら、行くよ。

Ｔ　ちゅうりっぷ、ちゅうりっぷ、用意しとって。

Ｔ　ちゅうりっぷ。

先生は子どもたちを見ながら、

T　足ピンピンよ。足ピンピン。

T　（最後のグループに）はい、どうぞ！

すみれグループは、反対側に着き始める。

T　Nちゃん、手ピンピン。手ピンピン。はい、もうちょっと。頑張って、頑張れ！

最後のグループが着く頃から、担任は、しゃがんで、頭の上で両手の手のひらを合わせた。

T　○○が伸びるよ（聞き取れない）。

と言いながら、両手の手のひらを合わせたまま、ゆっくり立ち上がり、背伸びをし、つま先立ちになる。子どもたちも同じようにする。みんなが背伸びができたところで、先生が体を回し始める。

子どもたちも体を回す。

Ｔ　あれ、待て待て待て、ノー！

先生は、ピョンピョン跳ねながら、回って見せる。子どもたちは笑っている。何人かの子が跳ねるように回っていたので、辻先生は、真似をして見せたのであった。見せるだけで、子どもたちに、先生の言いたいことが伝わったようだ。

Ｔ　行くよ。せえの。

ピアノが静かに流れる。ほとんどの子どもたちが、ピアノの音に合わせて、ゆっくりと体を回している。２〜３回回ったところで、先生は、

Ｔ　風が飛んで行くよ。

と言いながら、反対側の方へ、動いて行く。腕は柔らかく膝を曲げながら、体を揺らして、流れるように動いている。子どもたちも同じようにしている。

Ｔ　こっちの方にも。

と言いながら、元の場所の方へ流れて行く。子どもたちも付いて行く。

T　ちょっと回っちゃおう。回っちゃおう。

と、今度は、その場で、膝を曲げながら、ゆっくり回って見せる。子どもたちは楽しそうに回っている。

T　何だか、舞踏会に来た感じ。

ピアノの曲が変わる。

T　ワルツ。

先生も子どもたちもホールいっぱいを使って、ワルツを踊る。

Ｔ　ゆっくり、ていねいに！

Ｔ　お顔は、いい顔で笑ってますか、ちゃんと。

子どもたちは笑顔で踊っている。

Ｔ　そこへ。

と言うと、ピアノが止む。

Ｔ　熊がやって来て。

と言うと、子どもたちは、

Ｐ　ええー。

と声を上げ、先生が、

Ｔ　ウオー！

と言うと、子どもたちは、ジャンプして、両足を開き、拳を作って両腕を上げた。

T　足を上げるよ！　手も！

ピアノが大きく勇ましい曲になる。その時、1組の子どもたちがホールに入って来る。大西先生に促されて、1組の子どもたちも2組の子どもたちの中に入っていく。子どもたちは膝を上げ、手も上げて、一歩ずつ進む。

T　もっと広がって！

T　ドシン！　ドシン！

1組の子どもたちに向けて、

T　一緒にやろう。

T　手もだよ！　手も上まで上げて。

T　ドシンと音しないといいなあ！　音しない

よ！

ピアノが止むと、子どもたちも止まる。

Ｔ　カニが。

と言い、指をチョキにして、顔の横に立てる。子どもたちも笑いながら、指を立てる。ピアノが鳴り、カニステップが始まる。カニステップで反対側まで行き、戻って来る。

Ｔ　手を広げて！

と言い、今度は、腕を伸ばして、大きく広げて見せる。ギャロップになっている。往復して戻って来ると、

Ｔ　みんな来たかな。恵理子先生の方を見て。Ａちゃん、「お願いします」をしてくださ

い。はい、Aちゃん、お願いします。
P　お願いします。
恵理子先生　頑張ります！
P　頑張ります！

ここから歌の練習に流れて行く。ここまで約7分50秒の活動であった。

1組担任の突然の体調不良で、1・2組合同で公開保育（授業）を行うことになり、大変だったと思う。午後の授業で、1組の子どもたちがホールに来ないので、どうしようか迷っていたようであった。そこで行われたのが、模倣運動とステップ練習である。6分間くらいの中で、7つも8つもの模倣運動やステップができること自体驚きである。

行われた活動は、しゃがみ歩き、ジャンプ、横回り、つま先立ちからのフォロー、ワルツ、熊歩き、カニステップ、ギャロップ（名前が正確かどうかはあやしいが）である。

ピアノ伴奏も指導者と息が合っていて、絶妙なタイミングで曲が始まったり、終わったりする。まるで打ち合わせをして、計画的に行っているように見えた。しかし、これも全てその場での判断で、即興での演奏だった。こんな伴奏者がいるからできることであると思う。

また、演技しながら子どもたちへの言葉がけが素晴らしかった。「これできる」と聞かれると、子どもたちは頑張るのが普通である。何気ない言い方だが、年長児にはいい声かけだと思う。最後まで頑張っている子には、「Dちゃん、頑張れ！」と励ましの声をかけている。フォローで動きが雑になると、「待って、待って、ノー！」と即座に、動きを止めて、指摘している。ワルツのところでは、

「ゆっくり、ていねいに」と何を大切に表現するか伝えている。熊の表現の時には、「ドシンと音がしない方がいいよ。」と言っている。表現の難しいところではあるが、表現の本質である。１組の子どもたちが入って来ると、「いっしょにやろう！」と自然に声かけをしている。２組の子どもたちの表現の流れを切らないように自然に声かけをしていたのだと思う。

このように、数分の指導であるが、先生の指導の確かさから学ぶことがたくさんある。そして、それに合わせて表現している子どもたちも素晴らしい。先生にも子どもたちにも今までの確かな実践の積み重ねの中で付けてきた力がある。

（7）子どもと共に創る授業（表現活動）

3歳児「カエルの冒険」より（指導者：大野ルミ子）
２０１８年9月19日・第三水曜の会

この報告は、２０１８年9月19日の美濃保育園第三水曜の会での3歳児の「スキップとうた：カエルの冒険」の授業の中の前半13分ほどの活動の様子を伝えるものである。

ホールに入り、大野ルミ子先生が伴奏者の本田直子先生と打ち合わせを終えて、振り向くと、子どもたちがワニ歩きをしていた。女の子二人は立っていた。子どもたちは入り口付近の床に座って打ち合わせが終わるのを待っているのが通常のやり方である。そして、伴奏者の先生とあいさつをしてから始める。しかし、この日は、どうしたことか、ホールに入って先生が打ち合わせをしている間に、子どもたちがワニ歩きを始めてしまったのである。大野先生の指導案は白紙の状態になってしまった。大野先生が、この事態をどう切り抜けていったか。この時の様子を再現していきたい。

大野　えっ、びっくりした。どうしたの？
支援員　分かんないんです。
大野　分かんない。何が起こった？（園長先生と歩きながら）
大野　I don't know! 何だろう。これは？

研究者の一人が大野先生にワイヤレスマイクを渡す。大野先生はマイクを付けながら、

大野　何、何、何。

子どもたちが何か言うが聞こえない。

大野　ワニ？

園長　分からない。

大野先生がマイクを付けながら、歩いて来ると、

大野　ワニ？

と、子どもたちに聞いた。子どもたちはワニ歩きをしながら、大野先生に付いて行く。大野先生が、参観している先生方に、

大野　どうしたの？　何言うた？

大西　何も言ってない。
大野　何も言ってないの？

女の子二人は、ワニ歩きをしないで立っている。子どもたちは、どんどん大野先生にワニ歩きをしながら付いて行く。

大野　ちょっと待ってて。

4人の子どもは、園長先生の方に向かって行く。女の子二人は顔を見合わせて、うなずくとワニ歩きを始める。大野先生は、窓の方からピアノの前を通り、マイクを服に付けている。子どもたち全員が大野先生の後ろを付いて行くようにワニ歩きをしている。
　大野先生が、園長先生の近くにいた子どもたちのそばを通り、入り口の方に向かう時に、女の子一人が大野先生の足にしがみつこうとした。大野先生が驚いたように声を出した。

大野　けっこうこわいよ、みんな。

離れた所にいる子どもたちは立ち上がって、大野先生の近くまで行き、ワニ歩きになる。何人かが同じことをしている。そのうちの一人が、入り口の所で、大野先生の足をつかみ、それに続いて他の子どもたちも足をつかんだ。大野先生は膝を突き、腹ばいになってしまった。捕まってしまった大野先生は、仰向けになってしまい、何人もの子が大野先生の体に乗ったりしていた。他の子どもたちは周りに集まっていた。二人の女の子は、少し離れた所でそれを見ていた。

大野先生は子どもたちになされるままにしていた。支援員が二人の女の子に仲間に入るよう手招きしたが行く様子はなかった。

大野　食べてごらん。何の味がする。
子どもたち　あぐあぐ、あぐあぐ。
大野　何の味かな。何の味がした。ルミ子先生のお肉は、レモンの味だよ。
子ども　えっ。
大野　はい。

と言って立ち上がる。園長先生の方を指さして、何か言ったが、聞こえない。子どもたちは、園長先生の方にワニ歩きを始める。大野先生は、３〜４人は立ち上がって行ってしまう。その場で立ち

上がる。
　園長先生は、子どもたちが近づくと、

園長　ワニが歩く　ワニが歩く

と歌い出す。ピアノが始まらないので、大西先生が代わって弾き始める（この日の伴奏者の先生は知らない曲だったらしい。美濃保育園ではこういう突発的な活動が日常的に行われている）。園長先生は、

園長　目玉を出して……。

と歌い続ける。子どもたちは、歌に合わせて、ワニ歩きをする。大野先生もワニになる。
　大野先生が起き上がって、

大野　ああ、うーん。
園長　子どもたち、この歌知らないんだね。
大野　たぶん、知らない。
園長　えっ、知らないの。
大野　ワニさんさ、突然始まっちゃったけど。どうする。

子ども　初めっからワニ。
大野　ワニさんが良かったのか。ワニが良かったのか。
子ども　うん。

大野先生が少し移動しながら、

大野　ワニさん、さ、どこにおる？　川、池、海？
子ども　海ー。
子ども　海行った！
大野　海。海か。

この頃から体を起こし、おすわりやしゃがんだ姿勢の子が出てくる。

子ども　川。
大西　川だよね。
大野　川だ。
園長　池とか。
大野　池か。行きたかったの、池に。
子ども　よし。池、池。

大野　ワニさん何食べとる？
子ども　バナナ。
大野　バナナ食べとる。は、あああ。何か、ちっちゃい、こんな、ねえ。（指で示しながら）お魚とか。何か食べとると思う。しゅるしゅるしゅるって。動いているやつ。食べとるかもしれない。何やろ。
子ども　へび。
大野　あっ、へびね。へび強いね。ワニさん戦うね。ちっちゃいこんなの。しゅるしゅるしゅるって。黒いやつ。池にいる。お手々が出るやつ（手を少し伸ばして見せる）。足が出るやつ（足を少し伸ばして見せる）。おたまじゃくしと言う。ワニさん、おたまじゃくし食べるやて。知っとった。
支援員　知らない。
大野　知らない。食べるんやて。本当。じゃあね。今ね、ワニさんはおたまじゃくしぱくっと食べてみよう（と言いながら両手を開いて）。
大野先生は両腕を上下に開いてぱくっとやる。
大野　行くよ。せえの、ぱくっ！
子どもたち　ぱくっ。

子どもたちは「ぱくっ」と言いながら、前に出る。何人かは、先生を見ながら真似をして腕を少し動かす。

子どもたち　あぐあぐあぐ。

子どもたちは、あぐあぐあぐと言いながら、どんどん前（参観の先生方の方）に行ってしまう。それを見て、大野先生は、

大野　はい、みんな、こっちにもいるよ。

と、後ろの方を指す。

大野　みんな、じゃあ、大きな口で食べて。

大野先生は、腕を上下に大きく開いて見せながら、

大野　今すごいちっちゃかった。せえの、おおーきな口を開けて（体をそらして、腕を開いて見せて）。

大西先生も園長先生も腕を上げて、開いてやって見せる。支援員も腕を開いて見せる。子どもたちは、

そちらに向かっている。

大野　（立ち上がって）見て見て、おおーきな口（と言いながら）、今、Tくんやっとったよ。

　Tくん、見せて。

Tくんは膝で体を立て、右手を頭まで上げ、やって見せる。

大野　そお、ほら。こんな大きな口を開けて。

園長　寝てたらできないよ。そんな。

大野　立ってみる。立ってみる。行くよ。

子どもたちは立ち上がる。（ここで全員立ち上がる）

大野　行くよー。おーおーきな。

と言いながら、両腕を上下に開いて。子どもたち

もやる。かかとを上げて、腕を開いて見せて、

大野　ぱくっ！
子どもたち　ぱくっ！
大野　こっちにもおるよ。行くよ。行くよ。もっと大きなお口だよ。

ピアノの音も響く。

大野　うわっ、もっともっと、まだまだまだ、（体をそらして、天井を見るくらい腕を上下に開いて）ぱくっ！
子どもたち　（先生と同じように、体をそらせて腕を上下に開いて）ぱくっ！
大野　あっ、大変。みんなおたまじゃくしになっちゃったよ
子ども　うわっ。
子ども　あれっ。

と、それぞれに反応している。子どもたちは手を上げて喜び、跳びはねる。

大野　広い所を泳いじゃおうか。

半分くらいの子が、床に寝転がって泳ごうとする。

大野　ちょっと待って。（寝転がっている子に）そうやっていると、ワニにぱくっと。

立って手（手のひら）を合わせて、体の前に伸ばしている子を見て、

園長　あっ、これなら泳げるよ。

大野　これなら泳げるよ。ほら、Rちゃん、泳げるよ。

大野　はい、泳いで。

と言いながら、大野先生も泳いで行く。きれいに泳いでいる子を見つけて、

大野　すごい、すごい。Eちゃんすごい。

ピアノが止まる。

大野　あららら。（と言いながら子どもたちの方を見る）
園長　あらら。
大野　あら。（右足を動かして）
子どもたち何人か真似をする。
大野　ほっ。（左足を出して）
子どもたちも、「あっ」とか「ほっ」とか声を出す。
大野　何が出た？
子ども　カエル！
子ども　カエルー！
大野　もう一度やるよ。
大野先生は、足を開く。子どもたちも一緒にはね

る。見ているので、一緒にはねることができる。

子ども　きゃっ。
大野　はっ。
子ども　手が出る。
大野　こっち出るかな。(右手を少し出して、引っ込める)
大野　はっ。(左手を少し出して引っ込める)
大野　はーっ。せいの。はっ。

「おたまじゃくしのうた」を歌う。子どもたちは、歌いながら、はねる。先生は、その周りを泳いでいる。

おたまじゃくしは　足をあげて
ぴょんぴょんぴょん、くわっくわっくわっ

大野　カエルになっちゃった。
子ども　カエルになっちゃった。
大野　カエルさんはね。カエルさんは、このくらいジャンプしとった（しゃがんで、床から頭の上くらいまで腕を開いて）。

大野　どうやら、カエルはお空に行きたいの。お空までポーンと跳んどった、今。1・2の3で跳んでみるよ。
園長　ジャンプ王！
大野　ジャンプ王！　ジャンプ大会だよ。カエルさんだよ。
園長　カエルさんジャンプ大会だ。
子どもたちみんなしゃがんで床に手を付け、跳ぶ準備をする。ピアノが鳴る。
大野　いーち、にーの、さあーん！
先生も子どもたちも大きくジャンプする。大野先生は、男の子のそばに寄って行き、
大野　いたー！　いたー！　いた！　ジャンプ王！　見とってよ。
園長　いた。ジャンプ王！
大野　（子どもと一緒に）行くよー。いーち、にーの、さーん！
男の子がジャンプする。
大野　ほっ、ほっ、ほ。すごい（と言いながら、拍手する）。

園長　すごい。

　女の子も一人一緒に跳んでいた。男の子が、跳んで腕を上げたままでいるところを大野先生が腕をつかんで、

大野　カエルさんね、手がね。ひゅー。お空に一番近い、そしたら、今度はね、足、足も上がるやろか。足、足、ぴょーんと跳んだ時に、足が上がる。（片足ずつ、足を上げながら）

園長　足曲げといてよ。曲げといてよ。

大野　広く広がって。手も足も上がるよ。（と言いながら、しゃがむ）

大野　いーち、にーの、さーん！

と全員でジャンプする。子どもたちも「いーち、にーの、さーん」と言いながら、やっている。

大野　見ーつけた！（と、別の男の子の所に近づいて行き）ここ、これー！　よう見とってよ。

子どもたち、男の子の近くに来る。ピアノの音とともに、

大野　いーち、にーの、さーん！（男の子ジャンプする）左足が高く上がる。

大野　見た。見た。（自分の足を上げ、膝をさわりながら）ここ上がっとった。もっとお空の近くに跳べる人手を上げて。

子ども　はーい（子どもたち、半分以上手を上げる）。

園長　広い所行こう。広い所。

大野　せえの（しゃがんで、手を床に付け）、いーち（で手を頭の上まで上げ）、にー（で立ち上がって手を上げて）、の（でしゃがんで床に手を付け）、さーん！（でジャンプする）

大野　いた。そこにも。そこにも。そこにもいた。

園長　そこにもいた。
大野　そこにもいたねえ。すごい。
大野　じゃあね。今度は、一回ジャンプじゃなくってね。いっぱいジャンプできる。（片足ずつはねて、進みながら）
子ども　ええっ。（子どもたちは、何人かは、先生を見ながらはねている）
大野　（はねて見せながら）手を上げて、お手々も足も上げて。
大野　行くよ。
大野　（子どもの様子を見て、子どもたちが手を床に付けているので床に手を付く）ここから、ここからですか。（と床に手を付く）いくよ。いっぱい遠くに行くんだよ。いーち、にーの、さーん！
子どもたちも一緒に声を出す。伴奏者が「おたまじゃくしのうた」を弾く。

大野　さーん。（と、声を出す）お空に、足を上げて。（手拍子を取りながら）

大西先生は、子どもたちの外側で、一緒にはねている。

大野　はい、ストップ。見ーつけた！　見ーつけた！（と言いながら、女の子二人を前に連れて来る）

大西　できてきたね。

大野　ちょっと、みんな見とって。

支援員　カエルさんになって。

大野　カエルさんて。（二人に向かって）いーち、にーの、さーん！

と、ジャンプした後、ピアノの「おたまじゃくし」の曲に合わせて、片足ジャンプを続けていく。他の子どもたちの周りをジャンプしていく。

大野　すごーい！　Fちゃんと I ちゃんはお空のそばに行ったの。みんなも行ける？　行ける人？

子どもたち　はあい！（と手を上げて立ち上がる）

大野　「いちにいさん」やりにくくない。ちょっとスピードアップ。いーち、にーい、さーん！

子どもたち、片足ジャンプをする。

大野　お手々をお空に。素敵！　Mちゃん素敵！ほら、お手々が開いてる。

大西　Jちゃんもいいねえ。

大野　Lちゃん、お手々が。あのね、カエルさん見たことある？　カエルさんのお手々って、どうなっているのか。開いている。Nちゃん、その手を開いて（手を大きく開いている子を見て）。じゃあ、KちゃんとHちゃ

ん、やってみて。

二人がみんなの周りを腕を上げ、手を開いてカエルジャンプ（スキップ）をやる。男の子が真似して跳びはねている。

大野　じゃあ、今度はみんなでね。お空のもっと向こうはどうなっているのか見てみよう。

子どもたち、ジャンプを始める。

大野　Ｇちゃん、いい。すごい！　すごい！

子どもたちは、一生懸命カエルジャンプ（スキップ）をしている。

大野　Ｐちゃんお空見ているよ。みんなお池から飛び出して、山にだよ。ほら、みんないっぱい跳んだから、池から山に来ちゃった。

ここから活動は歌に変わっていく。（ここまで約13分の活動であった。）

〈午後の反省会から〉

午後、職員（9名）と研究者（3名）そして、参観者（3名）で反省会を行った。これは、午前中の各年齢別の活動（授業）の反省を行うものである。ここには、大野先生の授業に関する発言を取り出して、紹介していきたい。なお、職員はT、研究者はK、参観者はSの記号で紹介していくこととする。授業に関する大切な発言が多いので、ぜひ参考にしていただきたい。

大野　（授業の初めに）本田先生と打ち合わせをしながら、ピアノの注文を付けて、パッと後ろを見たら、（クラス）全員がワニになっていて、どうしよう。これはどうしたらいいのだろうと思って、ずっと考えて、VTR（360度カメラで録画したものをその日のうちに再生した）を見たら、本当に楽しそうで、解放されていて、こう動き、楽しかったんやろうと思って……。

今日の一番のねらいは、スキップで、3歳児にどうやったらいいのか、どう言ったらいいのか、足を上げろとか手を上げろとか言っても、通じないので……なんて言ったらいいのかなと考えた。カエルはどうかな、カエルスキップなら跳んで分かる。足も上がる。子どもに分かり易いのかなと考えた。指導案を書いていて、私がこういう言葉がけがどんどん出て来るということは、子どもたちにも伝わるのかなと思ってやってやってみた。

T1　私は、始まる時は本当に「わあっ！　これは」これはどうやってやるんだ（笑い）。私は指導案は知っていたし、ルミ子先生は、悩んで、書き代えて書き代えて、いきなりこれでは（笑い）。私だったら、さあ、ワニからカエルにどうつなごうと焦って、「じゃあ、みんな立って」みたいな、ぶっきらぼうにちぎってしまうと思うね。ルミ子先生なら何とかするかな。やってほしいなと思いながら、先生方みんな「うわあ、どうするんだろう」と楽しみに見ていられる。

写真を撮りたいと言っていたくらいルミ子先生が困っている。どうしようと言っている時に、子どもたちが、「どうするの？　ルミ子先生！　どうしてくれるの？　うちらを」みたいな。「すごい迫って来ているのが、本当に親子みたいだね」って言って。「お母さん！　待って！」って言ってる感じが子どもに見えて、それがすごく良くって。その後もカエルスキップもびっくりしたんですけど。

子どもは最後までスキップをしていると思ってなくて、カエルをしてる。だけど、カエルをしながら、ピアノが入ってきたら、スキップになってきて、なんとなくそれがどんどんどんどんスキップにひっぱられていく。その変化が、魔法みたいな、私にしてみれば、スキップって言ったら、絶対楽しくなくって、○○年後にカエルをしている。カエルスキップという言葉だけど、カエルをしているんだけど、スキップをしているというだけで、これでいいんだなと思った。本当にいいなと思って見ていました。

T２　見たことのないかわいさ。悩んだら、子どもたちに乗っかって、流れに乗って、満足するまでやらせてしまい、無理に変えなかったのが良くて、私も自分の時にもっとやらせてあげれば良かったと思った。

T３　自分だったらと考えると恐ろしくて。ワニからオタマジャクシに持って行く時の持って行き方が本当にすごくて、見ている私もなるほどと思い、本当にすごいと思いました。

スキップするよと言うと、体も硬くなるし、カエルで１・２・３ジャンプをして、そのままスキップしたところは、子どもは柔らかくスキップしていた。

部屋（教室）の中で喋らない子の話をする。（内容はよく聞き取れない）

大野　ささやいたりうなずいたり、リアクションは起こしてくれて、笑ったりも大分してくれるようになったんだけど、やっぱり声は聞かれない。でもああいうのは好きなのか、はねたり、歌うのは……。

Ｔ４　私のクラスの子どもたちは、心から喜んだり楽しんだりしているのかというところが、悩んでいて。ルミ子先生の熊のところで、私、こっち側にいてルミ子先生の姿も見えなくて、「うわーっ」て言った時、虫でも出たのかなと思って、そのくらい、流れがあると思うんですよ。熊が出てきて、そういうリアクションの一つひとつが……。自分で驚いてみたり心から楽しんでみたりするところがやっぱり大切だなって思う。

Ｔ５　子どもにスキップという言葉を出さずに、ああいうやり方をすれば、スキップができると思う。片足出ない子がこんこんこんってやれば、それを早くすればスキップになるのかな。「右、左」なんてやってもできないし、ああいうやり方もありかなと思った。

Ｓ１　大野先生が授業の初めに子どもたちに乗せられたと言っていましたけれど、気が付いたら子どもたちが乗せられていたところが、素晴らしいと思いました。あと、先生方が、遊ばせればいいと言っていたんですけれど、ビデオを見て気が付いたんですけど、女の子二人が遊ばなかったんですよね。立ち往生していて、最後二人で顔を合わせて、入ったんですね。あれがいいですね。

Ｔ１　Ｈちゃんとちゃんだよね。

大野　二人がまじめやもんで、やっていいかどうか悩んで……。

Ｔ５　手をつないで。

Ｓ１　あそこでふっきれて、全体が集団になって、それで良かったのかなと思いました。

Ｔ１　やっていいんだなって思って。

Ｔ５　二人で相談して、顔見合わせて、やるって。

Ｓ２　「おたまじゃくしのうた」ってあったんですか。

大野　あの歌を歌えば、カエルにいけると思って。

Ｓ２　ワニさんのところからどうやっていくのかなとＴ１先生が言ってたけど、先生はどこで、焦らないでやっていったのか、子どもと先生で思いっきり楽しんじゃっている。予想外のことだけど、やっちゃった。先生はそれを受け入れてくれるはずだと。先生の方もそうきたか、それならそれでやっていて、ニューストーリーを創りながら、表現の時間を楽しんでいくというのが、本当に創造的だなと思いましたね。ワニさん何食べる。おたまじゃくし食べる。もうそれをぱっくんぱっくんワニさんの中で展開していくんですよね。早くカエルの方に持って行くんでなくて、おたまじゃくしをぱっくんぱっくん何回も楽しんでしまった。おたまじゃくしをやって、歌が効いてくるという、何ておもしろいストーリーだろう。子どももそのおもしろさを先生と一緒に楽しんでいる。

Ｋ１　どの辺のところで、先生は変えようとしたのか。終始考えていて……。

大野　今日のねらいのカエルスキップをやってみたいなと思っていて、そこに行くには、どんな道があるんやろなあと思っていて、ワニはどこに住んでいるんだろうとか、園長先生が言ってくれて。

Ｓ２　海っていうのが出て、海も川も池もあって、「あっ、よし来た」と思って、そこでワニは何を食べるって言って。

大野　まずおたまじゃくしを食べちゃえと思って、そこら辺から……。

Ｓ２　まず、そこで布石を打ったのですね。

大野　そこで水にこぎ着けたところから、前回８月に水辺の生き物でやっていたので、これは行けると思ってやっていたので、ワニなんて初めてですね。あの動きは……。

Ｔ６　芋虫。

大野　あっ、ちょうちょになるため。ワニかと思ったんだけど、芋虫だったんじゃあないの。

Ｔ５　これはワニしかないもん。（腕を動かしながら）。

大野　ワニじゃなかったかもしれない。

Ｋ１　おたまじゃくしを食べたりするところから、そこのところは、先生自身は子どもの様子を見ながら、実演（?）しますよね。その時に、まだだめだって言う時もあるでしょうし、今回は行けるって判断する時もあるでしょうし。

大野　反応が海って言った時に、ワニから離れて今回はちょっと世界が広がったような感じがしたの

Ｋ１　で、これはもしかしたらちょっとちがう世界に広がるのかなあと思ったりしました。子どものどんな状況からそれは感じたりするんですか。
大野　子どもが……。
Ｋ１　その辺りが、僕らの世界で言うと、意志決定と言うんですけど。
Ｔ７　子どもが意見を言い出した辺りから。
大野　そうそうそう、そこで行けるかなと。
Ｔ７　話が通じるからかなあ。
大野　そうそうそうそう、ちょっと私がちがうことを言っても、広がって来るのかなと思う。子どもがワニをやってるけど、子どもから反応が出て来たので、そこら辺から、自分も対応ができて来たのかな。
Ｔ７　対話ができて来たのかな。
Ｋ１　私にとっては、又とない大ベテランの先生があああいう瞬間があって、それをどう乗り切っていくのかという。
Ｓ２　やっぱり排除しちゃいますよね。それが出かかった時は。
Ｔ７　○○（不明）と思っちゃうのかな。
大野　思っちゃう。「はい、もうやるよ」とか。
Ｓ２　だからルミ子先生だけが、あっちの路線で、ぐぐぐっといけるということだと思いますね。
Ｋ２　こんな授業は見たことがない。最高だと思いますよ。
大野　用意した授業ではなくて。

K2　そこのね、たぶんここ1年や2年でなく、長い経験の中で、ノウハウや言葉だとか、事例を見つけていらっしゃると。真似できないと思いますよ。教えてほしいなと思います。それを記録したいと思います。

K1　豊かな引き出しを持っていらっしゃるんですけれども、それが瞬時に使えるかどうかは、また別なんですよ。たぶん。

S2　美濃保育園の授業に対する考え方というのか基本は、今日のルミ子先生の授業に出ていると思いますが、予想外の事態が起きた時が創造的な授業の場なんだという、そこで新しく創っていく。子どもと教師が本当に同じ土俵に立って創っていく。先生が用意したものでこう行くんでなくて、先生も一緒に新しい事態になってしまった。これでどうしようと思った時に子どももワクワクドキドキ、先生もワクワクドキドキしながらやっていく。それが生まれた時が、本当に創造的な時間で、どっちも楽しめる。そういうことがすごく典型的に現れた。

S3　一つ目は、やると切ってしまう、二つ目は、少しだけやらせる、三つ目は、十分やらせる。そういう時って、指導案を書いているので、指導案に戻そうという気はありますね。大事にしたいことは、子どもに付く。子どもから出たものを使って、それに対応していく。そういうことでやっていくと、確かに指導案を書いているので、先生が子どもをみんな引き連れて時間の最後までいくわけですね。でも、それは、そうなんだけれど、子どもの発言を生かしながら、やっていくという基本姿勢がすごく大事だなあと思います。そういう基本姿勢でいれば、困った時は、子どもに聞くというか。出て来た発言を使ってやっていけば、経験も大事だけど、経験は少なくても、そういう対応ができるかなと思います。

Ｔ７　そんな時、何やってるのと（聞く？）。子どもが創った文化なので、ああいうのって大事にしなければいけないと思う。子どもたちが創り上げて来た瞬間でしょう。

３年前から表現活動を見せていただいているが、ホールに入った子どもたちがすぐに活動を始めるのは、初めてであった。大野先生は伴奏者の本田先生と打ち合わせをしていたが、子どもたちは自然に動き出していた。大野先生の指導計画とは全然違った始まりであった。それをどうするかが、大きな問題であり、課題であった。考えてみると、子どもたちが自然に動き始めたのは、保育室（教室）での指導や活動で触発されて動いていたものもあったのではないかと考えられる。動きたくなるくらい子どもたちの心を揺さぶる何かがあったのではないだろうか。反省会でも出たようであったが、十分には聞き取れなかった。

そんな時に、ひたすら子どもに寄り添い、活動を進めながら、先生の課題とするカエルスキップにつなげていく授業であった。子どもたちが、今何をしているのか、どんな気持ちで活動しているのか理解しようとしていた。Ｔ１先生が言われたように、子どもたちに声をかけ、それを中止させて自分の計画通りに進める方法もある。それが一般的な方法であり、誰もがやりがちな方法である。

しかし、大野先生は、そうせずに、子どもたちと一緒に活動しながら、そこに自分の考えている活動をつなげることを考えていた。そこでは指導案にはない活動が生まれていっている。それをＳ２先生は創造的な授業と説明した。あの場所でしかできない、子どもたちと大野先生とのやりとりの中で、瞬時に判断し、子どもたちに声をかけていく。子どもたちは、それに呼応して活動していく。先生と子どもたちが一緒に表現を創り出していたのである。見事としか言いようのない授業である。

子どもたちのはちきれんばかりの身体表現と楽しくてたまらないという表情が、見ている私の心を和らげてくれた。数年通っていて分かってきたことであるが、先生方は、月々の日々の表現活動に大変苦労をされている。その苦労の繰り返しの中で、生まれてきた授業である。

（8）A子さんが初めて参加した！

２０１９年２月13日・第三水曜の会

２０１９年２月13日、美濃保育園の定例の第三水曜の会に参加した。16日（土）には、公開保育発表会が予定されていた。

4歳児のたんぽぽ２組の時であった。取り組んでいるのはオペレッタ「うりこひめことあまんじゃく」である。先月も取り組んでいた。始まってすぐに一人の女の子が私の目に入ってきた。A子さんである。A子さんはずっと気になっている子である。そのA子さんがみんなと一緒に表現活動をしているのである。驚きと共に「良かったあ」と心から思えた。

思い返すと、私は今年度は、昨年の５月から第三水曜の会に参加している。途中何回かは都合で参加できない時もあったが、前年度より多く参加している。美濃保育園の活動をもっと見たいという気持ちが強くなったからである。そんな中で、A子さんはいつも緊張した表情だったり無表情だったりしていた。そして、集団には入らず、先生に手を引かれたり、一人でぽつんと立っていたりした。細かい事情は聞いていないが、保育室では、先生（保育士）と話もするし、表現活動にも参加しているそうだ。しかし、ホールに来ると活動には参加しない。

それからは、第三水曜の会に参加する度にA子さんを見るようにしていた。６月も７月も活動に参加しなかった。途中からは、もう一人の子も参加しなくなり、二人して先生と手をつないで集団に入らないでいることがあった。時には、他の男の子も一緒に先生の側にいることもあった。子どもってこういうものかと思いながら見ていた。幼児の段階では、表現活動をしていても、集中仕切れずに、やったと思ったら、集団を離れて何か他のことをしたりするようだ。そして、気が向くとまた集団に戻って来るという行動をとる。

しかし、A子さんは集団に戻るという以前に、集団に入って行かないような感じがした。先生方が側に行って声をかけたり、手を引いて集団の中に連れて行こうとする場面を何回も目にした。そのことを午後の検討会で話題にしたこともあった。無理強いはしない方がいいという意見が出た。また、支援をした方がいい時もあるので、声をかけたりするが、その判断とタイミングが難しいと意見が交わされた。

その後もA子さんはホールでの表現活動には参加しなかった。A子さんにはいろいろな先生方が関わった。クラスの支援員さんはもとより、担任外の先生、園長先生初め、参観している他のクラスの先生方も気が付けばA子さんに関わっていた。

そのA子さんが2月の第三水曜の会の時に、ホールでの表現活動に参加したのであった。見ている私は嬉しくなり、体が軽くなるような感じがした。初めは動きに少し固さを感じたが、だんだん表現が大きくなるような印象を受けた。自分の語りも一人で言えるし、場面転換の場所移動も自分から動いている時があった。終わりの方では表情に笑顔も出るようになっていた。

前日までのことが分からないので、決め付けられないが、A子さんの中で何かが大きく動いていたのではないかと思われる。2月2日には、保護者向けの発表会が行われたそうだ。その時、A子さんは会場の市文化会館でみんなと一緒にオペレッタに参加するつもりでいたそうだ。母親にもそう伝えていたし、母親も期待して会場に行ったそうだ。

しかし、A子さんは、前日に母親に、「自分の見えるところでは参観しないでほしい」と言っていた。このA子さんの言葉「自分の見える所では参観しないでほしい」という母親への要求に注目したい。４歳児が、それまで長い時間できなかった表現活動への参加を決意する。その自分の殻を破ろうとする行為に望む時、一体、子どもが何を必要とするか。その秘密が、ここに率直に語られている。

A子さんは、母親に、「その場にいて見守ってほしいが、自分の見える所にはいないでほしい」という、一見、矛盾するような要求を出している。この矛盾した要求は、そのまま、A子さんの内面の葛藤であり、繊細な感情の渦巻きを表現しているように思えてならない。私たちは、こうした子どもの感情に、どれだけ気づけているだろうか。

母親は、A子さんへの愛情・期待感のあまり、思わず、A子さんの要求を忘れ、A子さんがよく見える所に席を取ってしまったという。母親の姿に気づいたA子さんは何もできなくなってしまった。残念だが、これは、私たちが、やってしまいがちな行為だと思う。しかし、諦めるのは早い。教育の場では、幸いなことに、挽回のチャンスがある。13日の第三水曜の会では、私たち（園以外の人が7～8名）の前で立派に表現活動をしていたのだった。

A子さんの様子を、私が撮り続けている写真で振り返ってみた。何か行動に変化があるかもしれないと思ったからである。夏までは何もできないでいることがよく分かる。支援員や担任外の先生に手を引かれて歩く姿が見られる。または、先生の隣に立ってみんなの活動を見ている様子が見られる。時には、ガラス戸にもたれたり、寝そべったりしている。ある時は、園長先生の足を摑んだり、背中にしがみつくようなこともあった。

私は、A子さんのこの行動が気になる。それまでは、先生方からの働きかけであったが、この時は、A子さんが自分から先生に働きかけている。自分から園長先生の足を掴んだり背中にしがみついたりしているのである。それまでのA子さんには見られなかった他への積極的な働きかけである。また、今までは先生がA子さんの手を握っているが、この日は先生は手を出しているだけで、A子さんが先生の出している手の指を握っている時があった。この頃からA子さんの中に変化の兆しがあったのではないかと考える。

11月の第三水曜の会の時である。たんぽぽ組全体（たんぽぽは1組と2組がある）で曲表現をした時である。表現が終わり、ホールから退場する時に丁度私の前を通った。その時は一人で歩いていて、表情が違うのである。急いでシャッターを切ったが、大きく腕を振り笑顔のA子さんが写っていた。そのことを検討会で先生方に伝えておいた。A子さんの中に何かがあったのだろう。A子さんが園長先生の背中を押していたのもこの日であった。

12月には私は第三水曜の会に参加できなくて、1月の第三水曜の会に参加した。この日は、主に、大西智恵美先生が、A子さんに着いていた。全体を見たり、他の子どものことも見たりしながらA子さんに着いている。集団の後ろにいたり、集団と一緒に移動したりする。もちろん大西先生に手を引かれての行動である。集団の後ろと言っても、集団の一番後ろの子と並ぶか並ばないかの位置である。大西先生が他の子の支援をしている時も、A子さんは手をつながないで先生の側にいた。

A子さんにも出番があり、語りの役が回ってきた。担任の辻先生は、一人の女の子に一緒に台詞を言ってと促した。A子さんの声は聞こえなかったが、女の子と並んで立っていた。

そんなA子さんの様子を見て、A子さんの中に、また何かが少しずつ変わってきていることが感じられる。集団から離れていくことはなかったのである。

そして、２月13日のオペレッタの表現活動である。どうしてＡ子さんがこんな表現ができたのかははっきりとは分からないが、美濃保育園の先生方の取り組み姿勢から考えてみたい。

一つは、活動をしない子がいても、それをするように強要しないことである。無理矢理やらせることをしないのである。そして、活動しないことを怒らない。それより、側に行って、声をかけたり、手を引いて他の子どもたちと一緒に活動するように促している。それでやらなければ、それ以上無理はしない。しかし、子どもの様子を見ていて、絶えず働きかけている。しかも、それを担任だけでなく、そこにいる先生方全員がそうするのである。気が付いた先生が働きかけをしている。集団指導体制ができているのである。○○先生のクラスだからという遠慮はない。子どもたちをみんなで育てるという姿勢がうかがえる。そして、子どもの成長を待っている。

まとめると、次のようになる。

> 活動を強要しない
> 活動しないことを怒らない
> 働きかけを続ける
> 集団で指導（支援）する
> 一人ひとりの成長を待つ
> ↓
> 集団の中にいることで子どもの中に学びがある

子どもは何もしていないように見えるが、子どもたちの集団の中にいることで学んでいるのではないかと思われる。だから、A子さんのような子は、突然表現活動ができてしまうように見えるのではないだろうか。突然できてしまうのではなく、他の子どもたちが表現活動をしている時に、学んでいるから少しずつ身に付いていくものがあるのだろうと考えた方がよいように思える。それは、ホールだけでなく、保育室（教室）でもそうであろう。そして、その裏には日々の先生方の苦労があり、それが子どもの成長を支えているではないかと思う。

これまでの文章は、3月23日の千葉茨城授業を学ぶ春の合宿研究会に向けて書いた報告文である。先にあげたA子さんのことでまだ気になるので、合宿研究会が終わってからもう一度ビデオを見直してみた。A子さんが台詞を言う場面は授業が始まって、5分くらいした頃である。この時、担任の辻先生は、A子さんが台詞を言う前に、「Aちゃん」「Aちゃん」と2回声をかけている。すると、A子さんははっきりとした声で「ははん、またあまんじゃくがわるさしてるだな」と語っている。すかさず、辻先生は「うまい！」と声をかけたのであった。その後のA子さんの表現は、腕を大きく振り、柔らかくなっているように見える。

そして、授業開始後、29分が過ぎた頃に、

ドッチバタトン　ドッチバタトン
ドッチャライ　ドッチャライ

と歌いながら表現している所がある。じっさとばっさが帰って来る場面である。A子さんは、ばっさになることになっていたらしく、みんなとは離れた場所に一人ではねながら移動して行った。後から、

じっさ役の男の子が出て来た。Ａ子さんは、この時は自分で判断して、ばっさになり、移動していたようだ。先の「ははん、またあまんじゃくがわるさしてるだな」の台詞の時は、担任に促されて台詞を言っていたが、この時は、自分で動いている。この時間の中で、Ａ子さんが変わっていっていることが分かる。成長していると言える。

そして、その後、途中で表現を中断し、先生たちで相談している時には、寝転んでいたＡ子さんが先生に近づいて行くと、辻先生はＡ子さんに声をかけていた。そして、授業の終わりにあいさつをする時には、「今日めっちゃ頑張ったＡちゃん、『ありがとうございました』をお願いします」とＡ子さんを指名した。じっさ役を演じたＲ男も自分も言いたいと出て来たので、二人で言うことになり、二人で言い、その後みんなで終わりのあいさつをした。あいさつを終えて、ホールから退場する時に、辻先生はもう一度Ａ子さんの背中に手を当てて、声をかけていた。

それまでホールで何もしなかったＡ子さんが表現活動に参加すると、必要に応じて、活動を促したり、できたらすかさず褒めるという、担任としての働きを十分行っている辻先生である。授業の終わりには、代表してあいさつの音頭をＡ子さんに求めている。学級全体にもＡ子さんの頑張りを認めていることを広げ、学級集団もきちんと育てている。

このような子どもは、私たちの周りの幼稚園、保育園、小学校、どこにでもいると思う。Ａ子さんは、美濃保育園の教育実践により、立ち直り、成長することができた。子どもの教育の在り方、支援の在り方等、ここから学ぶことがたくさんある。美濃保育園の実践から、これからも学んでいきたい。

（9）表現の深まりを追求する指導

「はだかの王様」（4歳児・指導者：大野ルミ子・雲山晃成）から
2020年2月14日・公開保育研究会直前練習から

2020年2月14日、公開保育研究会前日の練習の時のことである。たんぽぽ組（4歳児）が「はだかの王様」を練習していた。担任の大野ルミ子先生が、練習前半で途中止めながらも最後までお話を流した。私は上手だな。話がきれいに流れているし、ステップなど身体表現も体を大きく使っている。全体での歌も迫力がある。独唱や2～3名でのグループ唱も十分声が出ている。語りもはっきりと声を出し、観客に聞こえている。これなら明日の発表会には十分であるなと感じていた。ところが、ここで園長先生が、大野先生と子どもたちに話し始めた。何が問題なのだろうと思った。そこの場面を紹介していくことにする。

※記録の「大野」は大野ルミ子先生、「園長」は雲山園長先生、「P」は子どもである。

1．大臣が布を見る場面

園長先生が大野ルミ子先生と何か話しているが聞こえない。「流れが」という言葉が私の耳に入って来ただけである。一旦ホールを出た子どもたちがホールに入って来る。もう一度やってみることになった。場面は大臣が自分で布を見る場面である。

家来　だいじーん。
家来（全）　だいじーん。
大臣　ははあ。

と言って大臣が出て来る。

大臣　どうぞ、かみさまおたすけを。
家来　おたすけを。
大臣（ソロ）おや、何も見えないぞ。
　やっぱり　わたしには　何も見えない。
家来（歌）　なんと　おそろしい。わたしは　大
　臣に　ふさわしくないというのか。
大臣　ああー！　何も見えない。
家来　ああー！

と言いながら、家来たちは後ろに下がって、しゃがみ、体をふせて下を向く。

大野　ゆっくり、ゆーっくり、まだよ。

園長　まだまだ。
大野　その人たち（機織り役の子どもたちに）、Eちゃんの声聞いとらんと言えんよ。　今Eちゃん言ったよ。はい、Eちゃん。
機織り　いかがでございましょう。
大野　（家来に向かって）ゆーっくり、ゆーっくり。

家来たちは、振り向いて、機織りの方を向く。この動作に対して「ゆーっくり」と言っている。子どもたちは声が聞こえたらすぐに振り向いてしまう子がいる。それに対して大野先生は「もう1回、もう1回」と言う。

大臣は布が見えなくて困っている。困るという以上に恐ろしくなっている。子どもたちはホール奥に向かって体をかがめて、下を向くが、その動作があっさりしているので、丁寧にやるように園長先生と大野先生は求めている。その動作が大臣

の心の中を表している。その大臣の心に迫らせようとしている。気持ちを悟られてはいけないという大臣の心の中も子どもたちに感じ取らせたいと話しかけている。

園長　恐る恐る見て。
大野　ゆっくり見て。
園長　ゆっくり見て。どうしよう……。

全員伏せて、下を向かせる。そこで、

機織り　いかがでございましょう。

大臣は顔を上げて振り向こうとする。

大野　ゆっくり、ゆっくり。
機織り　何もお言葉がございませんが。
大臣　おおー、みごと　みごと。
家来　みごと　みごと。（と言って、立ち上がる。）

大臣　この柄といい。
家来　柄といい。
大野　分かった。しゃらんしゃらんとなっちゃった。ちゃんと、しっかりと。
園長　見えてなかったんでしょう。だから……。いかがでございましょうと言われたんでしょう。
大野　何て答える。
園長　どうしていいかな。
大野　本当にあるのかな。
園長　（台詞を言う子に）本当にあるかどうか分からないのに、あなたは……（聞こえない）。「ああー」からやってみよう。
大野　伏せる時も、ああー見えないよという気持ちで見せる。うわー、見えないよ、どうしようという気持ちで見せたら。
園長　どうしようって。
大野　よーく聞いとってよ。
機織り　いかがでございましょう。
大野　いかがって言ってるよ、いかがって言ってるよ、いかがって言ってるよ。
家来たち振り向く。

途中で大野先生は機織り役の子どもたちに、「その人たち、Eちゃんの声聞いとらんと、言えんよ」と声をかけている。ここが対応である。大臣と家来役の指導をしている時に、機織り役が休みになってしまいがちである。そこに声をかけたのであった。相手の語りを聞くことと、それに合わせて自分たちの台詞を言う。それもグループなので体の準備もしておかないと声がそろわない。Ｅちゃんが先に前に出て、体の準備をして、後ろにいる子どもたちも一緒に「いかがでございましょう」というのである。それを声を合わせて一緒に言う場面である。Ｅちゃんの呼吸に合わせているのだろうか。それにしても良く声がそろったものだ。または、Ｅちゃんは大臣役の子のことを指していたのかもしれない。それなら、大臣を見ていれば、それに対応して、機織りの台詞として言える。それにしても、大臣を見ていないとできない台詞である。

機織り　何も言葉がございませんが。
大臣　おおー、みごと　みごと（前よりも言い方

がゆっくりになっている)。

大臣1　この柄といい（右手を見ながら手をかざす)。

家来　みごと　みごと。

家来　この柄といい(みんな大臣と同じ方を向く)。

大臣　この色といい（向きを変えて)。

家来　この色といい（大臣と同じ向きに変えて)。

大臣1　まことに素晴らしいものじゃ。

大臣2　わたしはことのほか気に入ったわい。

大臣3　よく王様に申し上げることにしよう。

家来　申し上げることにしよう。

ここの大臣の語りは3人の大臣が登場する。「まことに素晴らしいものじゃ。わたしはことのほか気に入ったわい。よく王様に申し上げることにしよう」は大臣の台詞なので、子どもは一人でもいい。しかし、3人が交替で台詞を言っている。家来達への指導が十分だったのか、3人の大臣は、1回で見事に演じていた。

１回目の時に、「おおみごとみごと、この柄といい、この色といい」と言ったが、大野先生は「しゃらんしゃらんとなっちゃった」と子どもたちに話している。「ゆっくり、ゆっくり」と言ったが、それが十分子どもたちに伝わらなかったようだ。大臣の布が見えないという恐怖感と家来や機織りに悟られまいという気持ちに迫るために、ゆっくり丁寧に動かさせようとしている。そして布は軽くて、光る布である。それを見させることで次の「みごとみごと」と「この柄といい」「この色といい」につなげている。手を顔の前に出して布を持つようにしている。軽さを表すために、手をゆっくり丁寧に揺らすように求めている。子どもたちにも布が見えてきたようだ。それが大臣１、２、３の台詞につながったのではないだろうか。

ここで場面が変わる。

２．王様が布を見る場面

大野　（家来役に対して）大事な場面なんだよ。私らは出番じゃないと思ったらいかんよ。
園長　どういう気持ちなんやろ。
大野　どういう気持ちなんやろ。王様と一緒の気持ちじゃないか、一緒に見に行ったらどうやろ。
園長　もう少し下がって。
大野　もう少し下がろう（家来と王様の間をあけるように）。
園長　じゃあ、見に行くところから、いい？
王様　ああー。

大野　（ほかの子どもたちに対して）もう少し下がって。じゃあ、見に行くところからやってみるよ。

王様は一人で見に行く。その間に他の子どもたちに園長先生が何か言っているが、よく聞こえない。王様はその間も機織りに近づいて行く。

王様　（息を大きく吸って）やや。

家来も王様に続いて「やや」と言う。ここでも大野先生は、子どもたちに声をかけているが、聞こえない。子どもに集中させようとしているようだった。

王様　これはどうしたことじゃ。

王様は歩いて移動する。

大野　王様と一緒の気持ちJちゃん見える。王様と同じ気持ち。
王様　何も見えないぞ。（観客に向かって叫ぶように言う）この私がばかだというのか。
大野　「ばか」だって。
王様　王としてふさわしくないというのか。ああー！（両手を上げ、天を仰ぐようにして言う）
家来も「ああー！」と言いながら、前に出て来る。機織り役も子どもたちも出て来て、家来の中に入っていく。前奏が始まると、次の王様役の子が小走りで前に出て行こうとする。
園長　まだまだ。王様はまだ出て行かない。今度は家来達が歌うので、王様も歌いながら出て来る。
大野　苦悩で、苦悩でゆっくり歌います。分かる。分かる。
大野　歌いながら出て来るの（家来役に）。
大野　何で、何で「ああー！」と言ったの。何でだと思う。
P　分からない。
大野　わしには何も見えない。王様としてわしはふさわしくないと言うのかと。みんなに見えるのに、私には何も見えないのか。
園長　何でみんなには見えるのに、私には見えないんだろうと、美しいんでしょうと言っているのに、……悩みながら歩いて来る。
大野　見えるのかな、見えるのかなと悩みながら出て来る。

大野　みんなは、みんな王様の気持ちで「ああー!」と言いながら広がる。広がって「ああー!」とやるの。分かる。「ああー!」とやるの。

と説明していると、王様役の子が「ああー」と言い出す。それに合わせるかのように、先生は説明をやめる。そして、「みんなもよ」と言って、全員で「ああー!」と言い出す。ピアノに合わせて広がっていく。ピアノは次の歌の前奏になっている。

大野　ああーと言いながら広がるよ。ゆっくり、ゆっくり。

全員（歌）　ふたりのはたおり　おった布

と歌うと、一人ひとりの子どもの顔が違ってきて、声もはっきりしてきた。次の王様役の子が前に出て来る。園長先生がその子の側を歩いている。前

に出ると、王様は立て膝になる。

全員（歌）　なんとみごとでございましょう

「ございましょう」で手を前に出して上にかざすようにして布を手にのせている。ここで、家来は立て膝になり王様が立ち上がる。

王様　なるほど。

家来　なるほど。

家来たちは、腕に布を乗せて揺らしながら、台詞を言っている。

王様　なかなかみごとなものじゃ。

家来　みごとなものじゃ。

王様　大いに気に入ったわい。

家来　気に入ったわい。

王様　これで新しい服を作らせよう。

家来　作らせよう。

園長先生が子どもたちに何か言っているが、聞こえない。

王様　さっそく仕事にかかれ！
家来　仕事にかかれ！
園長　ありがとう。
大野　一つひとつを大事にする。
園長　大事にする。最初に王様の「ああー！」
大野　「ああ！」を大事にしなければ。今の王様の「ああー！」からやってみよう。どのくらい困った顔をするかな。
園長　大事に、大事に。どうしよう。

園長先生は前に出ようとする王様役の子に「あなたもいいねえ」と声をかける。

王様　ああー！
家来　ああー！

家来は今までで一番「あー」を長く伸ばしている。腕を上げ、王様の苦悩を一人ひとりが表現しようとしている。

家来（歌）　ふたりのはたおり　おった布

園長先生は担任と手を頭の上の方に置いて、王様の苦悩を表現している。

家来（歌）　なんと　みごとでございましょう

王様が前に出て行く。

王様　なるほど。

家来　なるほど。

後ろの家来たちは、膝立てで腕を上げながら「なるほど」と言っている。王様に共感する台詞になっている。

王様　なかなかみごとなものじゃ。

家来　みごとなものじゃ。
王様　大いに気に入ったわい。
家来　気に入ったわい。
王様　この布で新しい服を作らせよう。
家来　作らせよう。
園長　それいい。布が見えている。

子どもたちは腕で布を乗せる動作をしている。動作が丁寧になっている。「布が見える」という園長先生の言葉が子どもたちに伝わっていると思われる。子どもたちにはこういう言葉が伝わるようだ。

王様　さっそく仕事にかかれ。
園長　いいねえ。
家来　仕事にかかれ。
園長　はい、ありがとう。

園長先生が腕を顔の前で上の方にかざして何か

言うが、聞こえない。

大野　苦労して、ゆっくり苦労して大事にすると素敵な布に生まれ変わる。分かった。ああ、ああと（体を軽くして、小刻みに走るようにしながら）苦労しないでやると布はなくなる。いい。苦労して、どうしよう。王としてふさわしくないというのかあと言うと、きれいな布が見える。分かる、Ｋちゃん。見えとる。Ｋちゃん、きれいな布見えとる。はい、いいよ。

と言いながら、体で表現して見せ、腕を高く上げる。

ここの場面の初めに、大野先生は家来役の子どもたちに、「大事な場面なんだよ。私らは出番じゃないと思ったらいかんよ」とまず声をかけている。ふつうは王様役の子に声をかけるが、他の子

どもたちに声をかけたのであった。いくら王様役の子が頑張っても、後ろの子たちが舞台をだめにしてしまうことがある。そんな場面を何度も見ている。家来役が王様に共感的して場面を理解し、後ろで表現してくれると舞台に緊張感が走り、王様がより引き立ってくる。それを求めての発言だったと思う。

それを具体的に「どういう気持ちなんやろ。王様と一緒の気持ちじゃないか。一緒に見に行ったらどうやろ」と話している。家来役の子どもたちはそこにいても、気持ちは王様と一緒の方が考えやすい。一緒に見に行くということばで子どもたちに投げかけている。そうすると子どもたちは自然と体が動いてくることがある。ここが表現活動の大切なところであり、面白いところである。家来役の子どもたちも心は王様である。

前に出て来た王様は、布を見ようとするが、実際はそこには何もない、無いはずのものが見えるわけがないのである。しかし、王様は、「何も見えないぞ。この私がばかだというのか。王としてふさわしくないというのか。あぁー！」となる。ここで大野先生はたたみかけるように子どもたちに「何で、ああーと言ったの」と聞く。やはり子どもたちは「わからない」と答える。そこで、先生は「なんでみんなに見えるのに、私には見えないんだろう。美しいと言っているのに……悩みながら出て来る」と説明している。この王様の内面を理解するのは4歳の子どもたちにはむずかしいだろうと思われる。そこを先生の言葉で説明している。それも、王様役の子どもにでなく、全員の子どもたちにである。ここが大切だと思われる。王様の「あぁー！」の後に全員が「あぁー！」言う。子どもたち全員が王様なのである。単なる繰り返しではないのだ。繰り返しが面白くない時がある。それは形式的に繰り返している時である。そのことを承知して、先生は話していたのだと思う。その後の家来役の子どもたちの「ああー！」は明確になってきた。

また、表現活動はみんなで創っていくものである。役が固定しているわけでなく、日替わりで交替することがある。そして、何人もで一人の人物を演じるのが美濃保育園での表現活動の取り組み方でもある。はだかの王様でも大臣1、大臣2、大臣3と連続して登場するわけである。

職員室で話をしている時に、子どもが家で一人でオペレッタを親にやって見せてくれたと保護者が言っていたと聞いたことがある。こうしたやり方が子どもを育てているのだと思う。いわゆる一人オペレッタができる子どもたちである。

そして子どもたちはどの登場人物のことも分かっているので、お話の中で、人物同士の対応ができてしまう。役人と機織りや王様と機織り、王様と家来などである。対応する時には、相手の動きや内面が理解できていると、よりよい対応ができる。それを可能にしているのが美濃保育園の表現活動である。

そこに教師の深い解釈が入ることで、より深まりのある表現活動が生まれてくる。今日の園長先生と大野先生の指導は、その可能性に挑戦した活動であったと思う。「流れが」と言った園長先生の言葉は、活動の前半で流れるようにできていた表現活動に「待った」をかけた形となった。流れるように進むお話に、流れを変えるメスを入れたのであった。もっと人物の内面に迫り、流れを変え、うねりを作り、それによって、深みのある表現活動を創り出していった。4歳児にこんなことまで要求するのかと思う反面、ここを求めていかないと4歳児には表現できないのではないかとも思う。その時に、子どもたちはお話を楽しむことができ、お話の世界を生きることができるのではないかと思う。それが見る者に感動をもたらす。これが美濃保育園が目指しているものではないだろうか。

（10）発達障碍者は発達する
２０２０年2月14日・公開保育研究会直前練習から

保育アドバイザーの加藤博史氏は次のように書いている。

精神科医の神田橋常條治先生は「発達障害は治りますか」と聞かれて、「発達障碍者は発達します」。と答えたそうです。「治るか治らないか」という二者択一の考え方をきっぱりと否定し、「どんな人も、自分の努力と周囲の援助で、その人のペースで必ず発達する」という先生の思想がよく分かります。（「事実と創造」No.476　p.30）

この文を読んで、美濃保育園にいた発達障害があるのではないかと考えられる子を思い出す。表現活動をしている時、みんなと一緒に活動できずに、集団から抜けて、後ろへ行ってガラス戸ごしに外を見ていたり、ホールの横の床に座り込んだり、一緒に動いているなと思ったら、みんなとは動きがずれてしまったりしていた。私が気が付いた時（年中の頃？）からずっとそうであった。先生は気が付けば声をかけるし、支援の先生もその子の手を引いて一緒に表現をしていた。座り込んでいれば隣に一緒にいたり、近くで見守っていた。

その子が5歳になり、最後の公開発表会の前日の練習の時である。どこにいるか分からないくらいみんなと一緒に表現し、口を大きく開けて歌っていた。終曲の歌を歌う時は、一段と体を大きく動かし、口も精いっぱい開けていた。凄いなあと思いながらシャッターを切っていた。

まさに発達障碍者は発達するのだなと思った。先生方の支援を受けながら、その子のペースで発達しているのだ。美濃保育園の先生方はそれをずっと見守ってきた。その子に寄り添ってきた。そしてその子の成長を待っていた。その子の表現する姿に私は感動した。

このような子どもはどこにでもいると思う。美濃保育園の子どもたちは特別な子どもたちでもない。私たちの周りの幼稚園、保育園、小学校の子どもたちと同じような普通の子どもたちである。違いは、この子どもたちは、美濃保育園の教育実践により生まれて来た子どもたちだということである。

こうした集団に入っていかない子どもたちを何人も見て来た。ずっと見て来て、彼らに共通した行動があることに気が付いた。それは、決してホールから出ていくことをしないことだ。必ず他の子どもたちの活動が見える所、声が聞こえる所にいる。その子にしてみれば、みんなと一緒にいるのかもしれないということだ。そして、学んでいるのではないだろうか。そうでなければ突然、中に入って一緒に歌ったり身体表現したりはできない。不思議なことである。おそらく集団の力も働いているのではないかと思う。活動している時にその子を責める子どもたちをほとんど見たことがない。むしろ瞬間的には一緒に遊んでいる姿を見るくらいである。

加藤博史氏はまた次のようなことも書いている。

ある保育園でオペレッタをやったとき、全く入ってこない子が何人かいました。最後にみんなが入れるものをやりたいと思って「ロンドン橋をやろう」と言ったのですが、やはり入ってこない子がいました。その中の一人が近くで見ていたので、「先生といっしょに橋作ろう」と言うと、来ていっしょに橋を作ってくれました。その後は、くぐる方にも加わって楽しそうにやっていました。
やるかやらないかを選び、決めるのは子どもなのですが、もう一つ忘れてはならないことは、思いは変わることがあるし、そもそも保育とか教育というのは、人が変わる可能性を信じているからできるということです。そして、「変わる」きっかけは、人と人のつながりにあります。
「さそう」と言っても、その子が見えなければさそえません。逆に言うと、見える所にいるということは、「やりたい」気持ちがどこかにあるのかもしれません。ここでまた竹内敏晴さんの言葉を思い出しました。「同じ場所にいるということは、もうつながっているんだよ。よびかけるというのは、そのつながりを目に見えるようにすることなんだ」という言葉です。(「事実と創造」No.476　pp.29-30)
美濃保育園の子どもたちもみな見える所にいる。やはり子どもたちの中に「やりたい」という気持ちがあるのだろうと思う。だから、先生方は声もかけるし、今日参加しなくても必ず参加する時が来ると信じて待っているのだと思う。

三、「瞬間の輝き」が生まれる時

本書の題名にしたように、私は表現活動をする子どもたちの中に輝く瞬間があると考えている。それを追って通った美濃保育園訪問が5年を超えた。5年間を振り返ると、初めはとにかくシャッターを切り続けた。たくさん撮った写真を家に戻って整理し、また美濃保育園に行き写真を撮ることの繰り返しであった。しかし、あまりにも撮る写真の数が多く、写真に写る子どもたちが何をしているところなのか覚えきれないのである。客観的に見て輝いているなと感じる写真はあるが、それがどのような場面で生まれてきた瞬間なのか明確に覚えていない。

そこで、2017年からはビデオカメラでも撮影し、必要な時は確認できるようにした。据え置き方式の撮影であるが、全体は確認できる。後で気づいたことであるが、音声が入っているので、子どもたちの表情以外に声があり、それも歌や語りの多い表現活動には大いに役立った。更に嬉しいことには、先生方のどういう言葉がけや支援により、子どもが変わっていくかがよく分かるのであった。

こうして、「事実と創造」で報告した美濃保育園表現活動の報告は内容が変わって行ったのだった。全体を振り返ると、第1期と第2期に分けられる。第1期は、2015年2月から2017年2月まで で、第2期は、2017年6月から2020年2月までである。

本編には「事実と創造」に報告したものに、あとからまとめたものが加えられている。全体を振り返り、「瞬間の輝き」がどのようにして生まれて来たのか、どんな時に子どもたちが輝いて見えるのかをまとめることにした。

まとめるに当たって、美濃保育園「追求式表現の原則」（平成21年12月15日作成）を参考にさせていただいた。そこには「追求式表現の6つの原則」が簡潔にまとめ上げられている。次の項目である。

① 質の高い教材は、子どもの表現を上質にする。
② 教材の解釈。教師の裏付けの必要性。
③ 子どもの理解。解釈の受け取りを確認する。
④ 子どもの世界で表現し、子どもが高揚しているか。
⑤ 基礎的リズムが指導の上に有り、子どもたちが身体を使い切れているか。
⑥ 教師と子どもは自信と喜びを持つ世界（上質のクラス）の実現を目指しているか。

美濃保育園の表現活動を理解する上で、大切なことであると考え、これらを参考にさせていただいて、私なりに「瞬間の輝き」が生まれる時をまとめてみた。

1．褒められた時

加藤博史氏は「事実と創造」（No.473　pp.26-27）の中で、

一番大事なことは、子どもをほめることです。保育全ての原則です。そして、ほめるときに大事なのは、言葉ではありません。「じょうずだね」とか「よくできたね」とか言えばいいわけではありません。大事なのは、子どもに共感し、子どもに感動することです。そして、共感や感動を子どもに伝えることです。

と述べている。

また、ほめる保育研究会の桑戸先生は「ほめることには2つの働きがあります。教化することと言祝ぐことです」と話してくれたことがあります。教化は、大人が思っている価値の方向に子どもを導いていくこと、「言祝ぐ」は今の子どもの姿を喜び、その喜びを子どもに伝えることです。

とも述べている。

子どもはこういうふうに褒められた時に、輝くのではないかと考える。褒められたら嬉しいのは、幼児だけでなく、小学生でも中学生でも、大人でも同じだと思う。

ここで、美濃保育園の例を見てみる。3歳児がリズム表現をしている時（２０１９年10月23日）のことである。

担任の葛谷悦子先生が活動の初めに、子どもたちに遠足やお散歩に行った時に、山で何を見つけ

たか聞いた。子どもたちはどんぐり、松ぼっくり、宝物とかいろいろ発言した。「それでは、これから風に変身してお山の中を吹いていこう」と言い、子どもたちは出て行った。

山の中を風になって吹いている時に、葛谷先生は、「さあ、次は何に変身してみよう。高い木がいいかな。どんな木が出て来るか見てみよう。高い木がいいかな、低い木がいいかな。何の木に変身しよう」と、ピアノに合わせて、風になって吹いていく。子どもたちも一緒に吹いていく。そして、山に着いた。そこで、子どもたちは木に変身した。葛谷先生は、「いいねえ」と全体を見て言った。「ちょっと見に行こう。そのまま、そのまま」「こんな木もステキ」と女の子の指先に触れた。「Tくん、いいねえ」と、男の子に言いながら、女の子の側に行って「いいねえ」と背中を示した。「かっこいい」とまた全体を褒めた。どの子も一生懸命木になっていた。こんなに褒めるものかと驚いた。園長先生は後ろの子どもたちを担任の先生と一緒になっ

て褒めていた。褒められない子がいないほどであった。その後の表現も子どもたちは真剣なまなざしで、それでいて笑顔で取り組んでいた。

表現活動をしている時、先生方はこれはと思った子どもの表現はその場ですぐに褒め、それを全体に紹介している。一時活動を止め、褒めた子にみんなの前でもう一度やってもらう。他の子どもたちに友達のどこがいいか気づかさせている。すると、周りの子どもたちの表現が変わる。そして、褒めれた子の表現も更に良くなって行く。

美濃保育園の表現活動を見ていて、褒めることの大切さを改めて認識した。褒められれば子どもは更に頑張るし、周りの子どもたちも頑張る。教師ももっと褒めようと子どもたちを見る。「ほめることが原則」という加藤博史氏の言葉はなるほどと納得する。

2. 呼吸が十分入っている時

息が十分入ると、声も出るし、体が良く動く。ただ吸うのではなく、体の隅々まで息を入れている時は、違って見える。

練習の時でも本番でも子どもたちが入場する時に、先生方は子どもたちが息をたっぷり吸うことを求める。できていないと、やり直しをする。その時は、「体にたっぷり息を入れるんだよ」とか「足の先まで、指の先まで息を入れて」とか言う。そして、息を吸うとき、「もっともっと」と先生もやりながら息を吸わせる。呼吸を大切にしているのが分かる。息をたっぷりと吸い上げる子どたちはそれだけで美しい。

3．ステップが十分身に付いている時

見ていてきれいだと思える時はステップがきちんとできている時である。手の先から足の先まで、伸びていたり、膝を柔らかく使っている時である。そんな時は、体の隅々まで気持ちが届いているように見える。ステップがお話の中で使われると更にきれいになる。指の先、つま先まで気持ちが入っている。

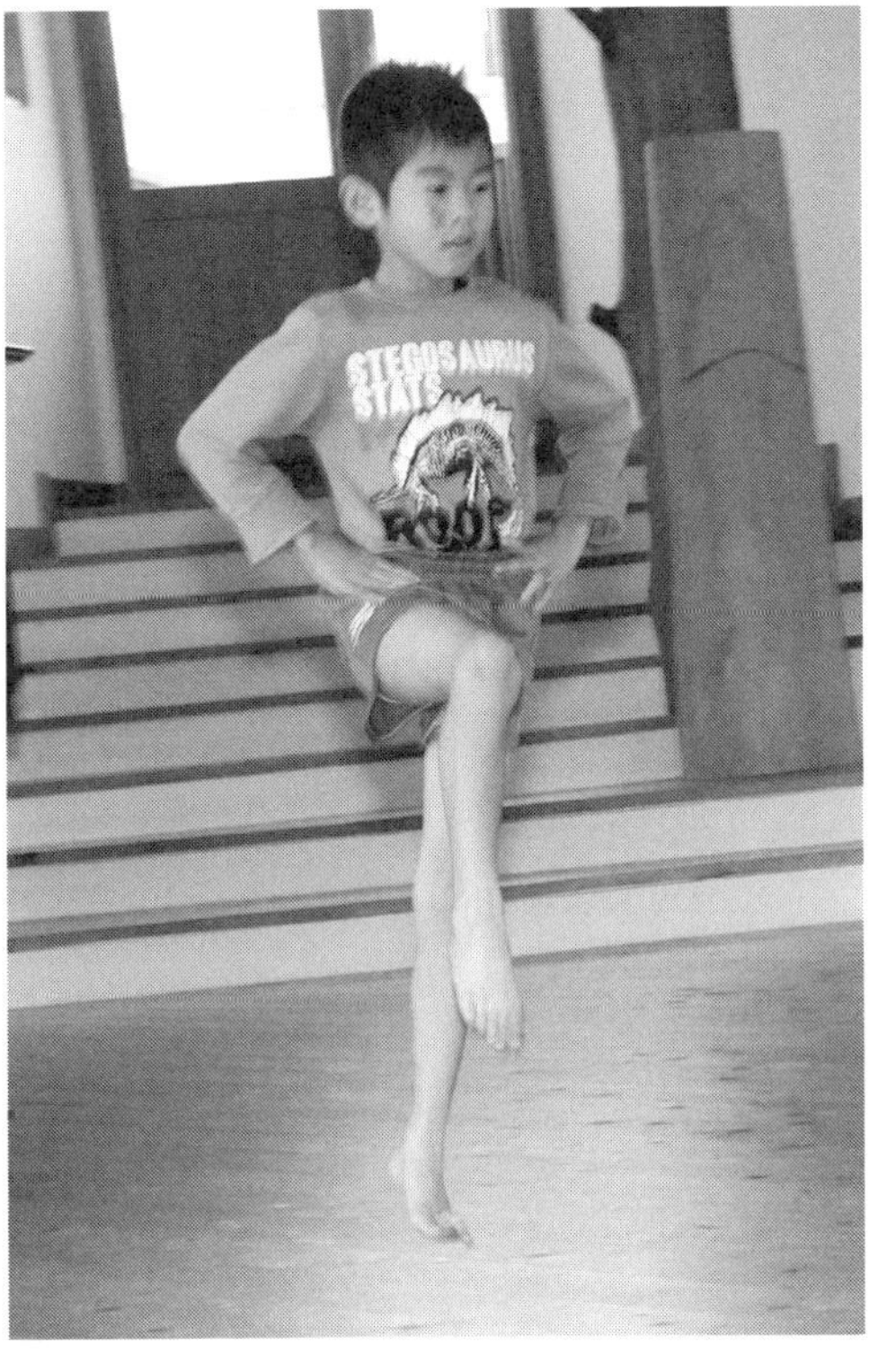

ステップが全ての基本と言っていいくらいである。だから繰り返しの練習が必要である。ちょっとやってできたと思うのは間違いである。プロのピアニストは一日にどのくらい練習してるだろうか。練習を終えた時に、これでいいと言うだろうか。

　ステップを繰り返し練習し、体に染み込むまでやっているからこそ、表現活動では、ステップを自由自在に操れるようになるのではないだろうか。美濃保育園では、2歳頃から始めて2年、3年とかけて子どもたちにステップを身に付けさせている。それも単なる訓練の繰り返しでないところがいい。リズム遊びを通して、曲表現を通して、オペレッタを通して身に付けていっている。

　次の話は、ステップ指導の一環として受け止めて良いと思うので、紹介したい。千葉経済大学小池順子氏の『子どもの音楽表現』（一莖書房　p.41）の中で、「大槻志津江生のステップ表現という教育方法」という項目で次のように書いている。

「はい歩きなさい」と言えば、子どもたちは左右の足を交互に出して前進する。そこにはなんらイメージも、どう歩くのかという意識的な支えになるものは何ひとつない。これではどんなに時間をかけて歩かせても、子どもたちの心にも、動きにも何の変化も起こらないばかりか、単なる繰り返しに子どもたちは、僻々してしまい崩れるばかりだ。こんな時、斎藤先生は「みなさん、爪先にも踵のまわりにも、色とりどりのお花が敷きつめたように咲いていますよ。そういう広い野原を歩いてみてください」と言われるのである。子どもたちは爪先に集中し、踵を風船のように柔らかにした歩き方に変わっていった。しかし子どもたちのからだは爪先へと気持ちを集めるので自然に前屈みに覗き込むようになってしまう。すると斎藤先生は「おや、お花のいい匂いがあちこちから飛んできますよ。その美味しい御馳走をいただきましょう」とすかさず第二のことばを発せられるのだ。子どもたちはにこにこしながら、上体を開き、股も高くすい上げ、そっと下ろす爪先の柔らかさは、まるで花に囁きかけるようなリズムをもったものに変わっていった。このような斎藤先生の「ことば」は子どもたちの心に「イメージ」を次々に湧きたたせ、表現を変えていったのである。

美濃保育園の先生方は大槻志津江先生からこういう指導を受けて、ステップの指導に取り組んでいる。それを新しい先生方にも継承していっている。それで、美濃保育園の子どもたちは輝いている。

4．体が使い切れている時

これでもか、これでもかというほど体を伸ばして（背伸びをして）、足の指先だけで体を支える子どもがいる。今にも体が床に付きそうなほど体を低くして姿勢を保っている子どもがいる。大変な運

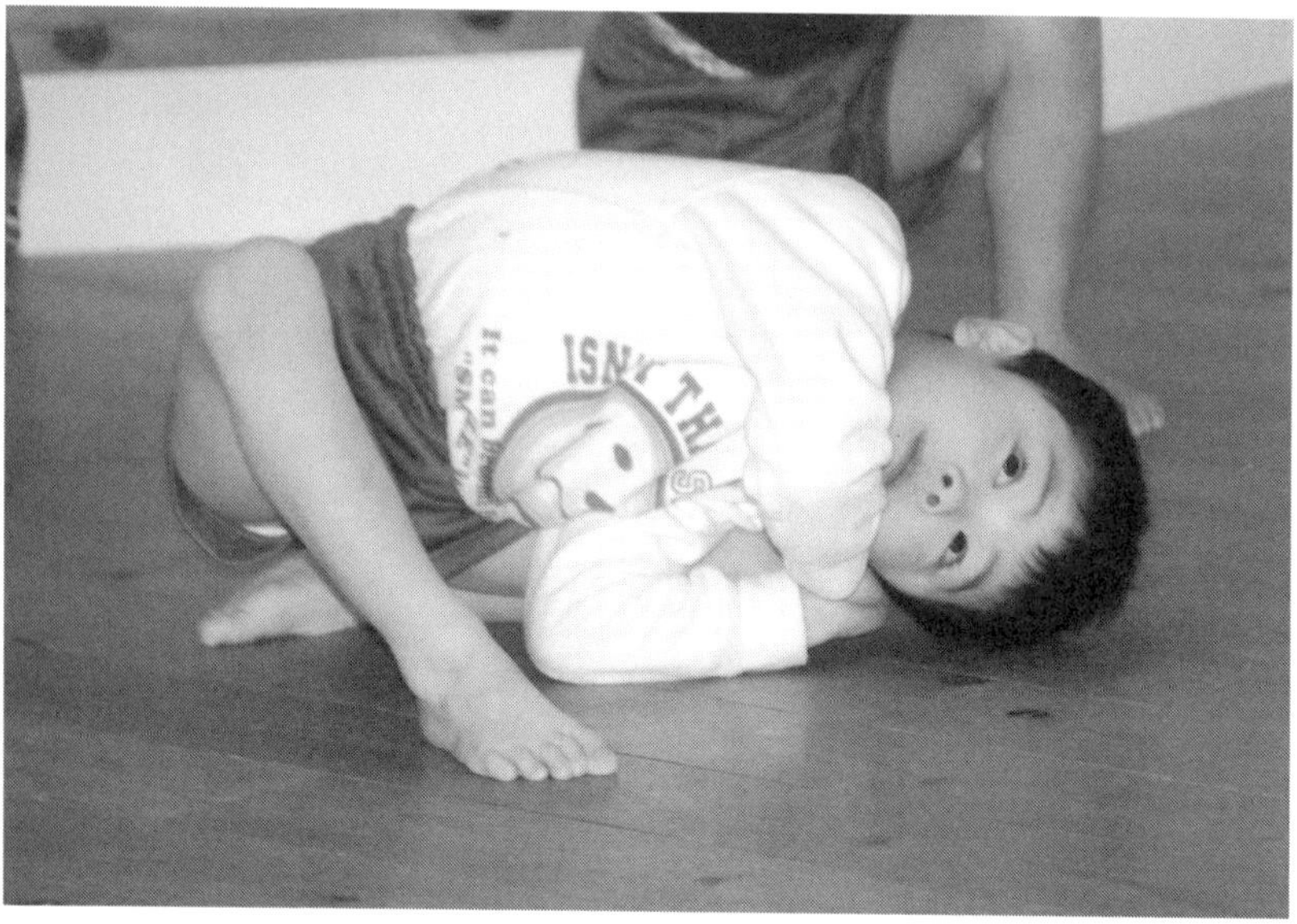

動量と集中力である。その時に子どもの輝きを感じる。どちらも子どもの中には届けたい何かがあるのだろうと思う。そんな時の子どもの目はその先に向かっている。視線の先に「あほろく」がいたり、「母さんぎつねと森に帰って行く子ぎつね」の姿があったりするのだろう。子どもが輝く瞬間である。

5．子どもが解放された時

体に息が入り、ステップが自由に操れるようになると、子どもたちは解放される。いろいろな身体表現につながっていく。心も体も解放されて、自分の思いを自由に表現しているのではないだろうか。そんな場面を何回も見てきたし、何回も何回もシャッターを切ることがあった。

6．対応ができている時

1対1の対応や1対全員、グループ対グループなどいろいろな対応関係が想定されるが、お互い

に相手を理解していないと対応は難しい。おむすびころりんでは木を切るおじいさんと木の対応、おじいさんとネズミなど場面毎に対応を迫られる。「あほろくの川だいこ」のろくと村人やおばあさんなど様々な場面での登場人物同士の対応が求められる。1対1は比較的やりやすいが、1対全員の場合は、全員がおじいさんやおばあさん、村人の状況を理解していないと対応することが難しくなってくる。

写真（右頁下）の子は、「かさじぞう」でじぞうさまに降り積もった雪を取り払うおじいさんとじぞうさま、そして降り積もった雪を表現している。おじいさんは直接的に体に触れずに雪を取り払う表現になっている。空間を活かした表現で、ビデオで見ると払われた雪が消えていったりする表現も見られるところである。こうした表現に美しさを見て取れる。

写真（下）の「三まいのおふだ」で道に迷ったこぞうさんが「こまったな」と言うと、みんなで「こまったな」と繰り返す場面である。こぞうさんの「こまったな」にみんなで繰り返し、「こまったな」と言う。一人ひとりが身体表現をしながら対応している。一人ひとりの表現の仕方は少しずつ異なっていても、一つになっていておもしろい。

7．構成が表現を豊かにしている時

構成がはっきりしてくると、動きが明確で、話の流れも分かりやすくなる。場面ごとはもちろんのこと、場面の中で人物が変われば構成が変わっていく。美濃保育園はこの構成が充実している。指導案の中に必ず構成図が示される。10枚20枚と何十枚も構成図が書かれている。しかし、指導の場面になるとそれが変わってしまうのが当たり前になっている。その時々の子どもたちの状況に合わせて、構成も変わる。それが美濃保育園の表現活動を豊かにしている。公開保育発表会前日でも構成が変わることがある。

写真（左頁上）は「おむすびころりん」を表現する子どもたちである。食べようとしたおむすびが転がって行ってしまい、それを追いかけるおじいさんである。おじいさんを舞台後方に配置し、おむすびを追いかける表現を大きくしている。子どもたちは楽しそうに表現している。

写真（左頁下）は5歳児の「スイミー」の一場面である。グループに別れて舞台全体を大きく使っている。お互いに異なるステップを使って表現しようと練習している。

美濃保育園の表現づくりでは、場面と場面の転換が素晴らしいことは、発表会を見た人なら、だれでも分かっていることと思う。場面の転換に見事にステップを利用している。私が現役の時は、このステップができないので、子どもたちが走って次の場面（場所）に移るとか、せいぜいスキップかギャロップを使うくらいであった。

千葉経済大学短期大学部の免許更新講習を見た時であった。磯前利行氏（元小学校長・現千葉経済大学短期大学部非常勤講師）が表現の実技研修で受講生を指導する時に、「移動する時は、体を揺らすようにして、次の場所に行きましょう。バタバタ走っては行きません」と話していた。「息をたっ

ぷりと吸い、それも、踵が上がるまで吸い込み、そして身体を前に倒すようにする。足が自然に動いて行く。横に行ってもいいし、斜めに行ってもいい、途中で体を回転させてもいいですよ。いろいろにできます。これを『風移動』と呼んでいます」と指導していた。

美濃保育園でも同じである。「ステップだけでなく、風になって行きましょう」と先生方は子どもたちに話していた。そうすると、移動がスムーズに行くことがある。場面と場面の間を見事に埋めて行った。そうして構成に流れができていく。

8. お話の世界を生きる時

お話の登場人物になり切った時は、自分が登場人物として、子どもたちは語り、歌い、身体表現をしている。それが一人だったり集団だったりしても同じである。ある時は、登場人物に語りかけたり、歌い上げたりする。その時子どもたちは輝いている。身体表現で情景を表す時も同じである。子どもたちは息をたっぷりと入れ、体を使い、時には友達と一緒になって身体表現をしている。子どもたちはお話の世界で生きている。一人の子がソロをやる時に、後ろの子どもたちが支える。後ろの子どもたちがしっかりと身体表現をしたり、気持ちを一つにして繰り返し語ったりすると全体が輝いて見える。そこに物語の世界が見えてくる。

挙げればもっともっとあると思われるが、大筋こんな時に子どもたちは輝いているのだと思う。記録を読み返し、写真を見て気が付いたことである。

小池順子氏は「事実と創造」（No.406　p.19）に、大槻志津江先生が表現活動について文章化したものを探し当て、紹介してくれている。その最後に大槻先生は、次のような言葉を残している。

○子どもの表現での可能性は、子どもが自分の体を使い切っている姿にある。使い切らせるために、ステップで何を教えるかを明らかにしたいと思う。
○ステップ指導は、子ども自身が自分の体と対決すること、自分の身体を追求し続けることだと思う。

私は、「体を使い切っている姿」に着目した。これが輝く瞬間ではないかと自分なりに理解している。呼吸にしても、ステップにしても、様々な身体表現にしても、体を使い切ることが大事であり、必要なのではないか思う。

写真家の川島浩氏は、斎藤喜博校長の島小と境小に入って写真を撮った。その島小について「事実と創造」（No.64　pp.23-24）の中で次のように

書いている。

そういう学校（島小）の存在自体が感動的なことであり、その学校での日々の営みのなかに〝感動〟を具体として形として表す個々の場面が、瞬間瞬間に、無限に連続して現れる。それらのさまざまな現象形態から、そのどれかの〝瞬間〟を選択し、その〝瞬間〟によって島小の本質が最もよく描きだせるように、即ちとらえたモチーフがテーマに直結するように、カメラの位置や角度や離れ具合いを決め、シャッターを押さなければならない。

美濃保育園の子どもたちは表現活動の中で連続的に輝く瞬間を見せてくれる。それを逃さず撮るのは並大抵のことではできない。それに挑戦した5年間であった。まだまだ十分とは言えない私の写真である。

ここでは、解釈のことには触れていないが、子

どもたちが表現の世界に生きるためには、解釈の問題抜きには考えられない。私は、「解釈」には、教材の解釈はもとより、呼吸、ステップ、対応、構成などそれぞれに対しての解釈も必要であると考える。もちろん美濃保育園の先生方もそれを考えて実践しておられる。前章の記録の中でそれが随所に現れていると思うし、写真の背景にはそれが読み取れるのではないかと考える。

１９８５年に梶山正人先生（千葉経済大学短期大学部教授）に私の学校に指導に来ていただいた時のことである。４年生が「子どもの四季」を練習していて、

むくどり　むくどり　むくおとせ
むくがなければ　金おとせ　金おとせ

と歌っている時であった。先生は子どもたちに、「椋鳥が見えません。椋鳥は大きなムクノキの枝にいっぱいとまって鳴いています。椋鳥に歌いかけてください」と話された。すると子どもたちの声は一変した。子どもたちの声は弾むようになり、楽しそうであった。私にも椋鳥が見えるようだった。この時、子どもたちは解放されていたのではないかと思う。解釈が如何に必要であるかを教えていただいたのだと今にして分かってくる。

「はじめに」で書いたように、こうしたことが私には不足していたので、自分の実践の中では私の学級（学年）の子どもたちは、輝き切れなかったのだろうと思う。しかし、私の学級（学年）の子どもたちにも瞬間的には輝いた時があったと思う。それは私が写真を撮らせていただいた多くの幼稚園、小学校でも、輝く瞬間を見たことから十分に考えられる。また、全国どこの幼稚園・保育園・小学校

でも輝く瞬間は創り出せると思う。美濃保育園の園長先生もそう考えているので、公開保育発表会を毎年開催しているし、月々の研修会（第三水曜の会）も公開している。どの子にも輝く瞬間はあると信じて、私たちに学びの場を提供してくれている。また、子どもたちには単なる発表の場ではなく、成長の機会として位置づけているし、成長の過程として考えている。そこからもたくさん学ぶことがある。

最後に、この本に出てくる子どもたちは、公開保育研究会本番の子どもたちではない。全て公開直前練習の時とオペレッタ大会、そして第三水曜の会の時の子どもたちである。私も本番では参観者として自分の目で子どもたちの姿を見ている。私の見る限りでは、子どもたちは発表会本番の時は更に素晴らしい表現活動を見せてくれる。練習を超えた緊張感と集中力、表現力を見せてくれる。まさに輝く子どもたちである。

発表会は例年2月に行われるが、3月にも第三水曜の会がある。そこは年長の子どもたちが下の年齢の子どもたちと一緒に活動する最後の機会になる。私も２０１９年の3月に訪問した。4歳児と5歳児が一緒に歌を歌い、ステップを練習した。園長先生が、子どもたちに「みんなが一緒に活動する最後です。たんぽぽ（4歳児）さんはすみれ（5歳児）さんから力をもらう最後です。良く見ていいところをたくさんもらってください」と話していた。小学校では「お別れ会」とか「送る会」をするが、美濃保育園では年長の子どもたちと年下の子どもたちが、一緒に活動できるように演出している。ここが私たちが学ぶべきところである。

子どもたちにとっては、発表会は通過点であり、最終到達点は卒園式である。それまでたくさんの困難を乗り越え身に付けた力を発表会という大きな舞台で発揮し、更に成長した姿を保護者や地域の方々に見て貰おうというのが卒園式である。私はまだ見たことがないが、発表会の時よりもっともっと長時間の活動になっているそうだ。美濃保育園は、5年間で付けた力を園児たちが存分に発揮できる最後の表現活動（授業）の場として卒園式を演出している。そこに子どもたちが最高に輝く瞬間があるのではないだろうか。

解説：「共に学んで」

〝瞬間の輝き〟が生まれた文脈を、復元・考察

綿引弘文

山﨑雅昭先生は、1952年生まれ。小学校を退職した2年後から、岐阜の美濃保育園に通い始めた。毎年2月開催の「公開保育研究会」。そして、月例研究会である「第3水曜の会」に参加。表現活動に取り組む園児と教師の姿を、写真に記録し続けた。2015年2月から、2020年2月までの5年間。撮影枚数は7万枚を超えるという。

美濃保育園は、ステップを基本としたリズム表現・歌表現・オペレッタ表現で、全国に名高い。その表現活動は、1987年度、大槻志津江先生（1923〜2021）を指導者として迎えて始まった（＊雲山文夫「大槻志津江先生を迎えてからの出発〜20年を振り返って〜」／DVD『美濃保育園の歌とオペレッタ』2008年・一茎書房）。以来、35年。営々として積み上げられてきた美濃保育園の表現教育は、繰り返しを排し、毎回、新しい教材解釈・構成・演出によって、常に新しい創造に挑戦する教育活動となっている。

昨年、山﨑先生は、「大槻志津江先生を偲ぶ会」（2021年11月21日）を機に、写真集『美濃保育園・写真通信』（全515号／私家版）を出版した。大槻先生は、何年も前に卒寿を超え、すでに美濃保育園での直接指導が困難になっていた。その時期に、「美濃保育園の表現活動の様子を、少しでもお伝えし、大槻先生に喜んでいただきたい」。そうした熱い願いを胸に、週に2回、「美濃保育園・写真

通信」を送り始めたという。ここに著者の人柄の床しさと、並々ならない決意とを、強く感じる。

1．〝瞬間の輝き〟を求めて

ここ10年ほど、山﨑先生は、「〝瞬間の輝き〟を求めて」という言葉を、幾度となく口にされてきた。「〝瞬間の輝き〟を求めて」は、「茨城の会」の例会で聞き、「千葉茨城・合宿研究会」で聞き、月刊誌『事実と創造』掲載の記録にも、そう記されていて、ほとんど山﨑先生の口癖となっていた。山﨑先生は、この「〝瞬間の輝き〟を求めて」に、ナゼ、これほどまでにこだわるのだろうか。そう問い直すなら、「〝瞬間の輝き〟は、（肉眼では）、捉え難いものだから」という答えが返ってくるように思う。

山﨑先生は、教職に就いた1970年代後半から、草創期「教授学・茨城の会」の中核メンバーとなって会を支え、会を牽引してきた。そして、取手市の勤務校を舞台に、合唱やオペレッタの実践に挑戦。「千葉の会」合宿研究会に参加しては、大槻志津江先生・岸みね子先生から、直接、表現指導の実際を学んだ。また、勤務校に梶山正人先生を講師招聘し全校での「合唱の会」を開催するという、驚くべき行動派の実践家でもあった。その時代、山﨑先生の実践記録は、録音テープやビデオによってなされていたように思う。

その山﨑先生が、気が付くと、カメラによる写真撮影に熱心になっていた。「肉眼でも、ビデオでも、動いているものは、その侭では、〝瞬間の輝き〟に気づけない」「〝綺麗だ〟と思っても、次々に、場面が上書きされて行ってしまうので、（授業研究として）、そこで立ち止まり、深く考えることができない」――。そういう趣旨の主張だった。

本書にも、次のような、分析が為されている（5歳児「火い火いたもれ」から）。

そんな中で、視線を床に向け、かがんで表現している子どももいた。よく見ると、二人とも、床に着いた前の足の踵が少し浮いている。たまたまなのであろうか。私には二人とも、踵を浮かすことで、次の動きへの準備をしているように見えるのである。

こんなところにまで気持ちを届かせているのだと思う。ものすごい集中力である。だから、後ろ姿や伏せた姿勢でも美しく見えるのだと思う。指先や背中で表現できる輝く子どもたちである。

これが、山﨑先生の言う、(子どもたちの)〝瞬間の輝き〟であり、キャッチされたその静止画は、何度でも見つめ直すことができる。①〝瞬間の輝き〟を捉えるのにカメラを使う。②その〝瞬間の輝き〟が捉えられさえすれば、表現指導の経験知がものを言って、(〝輝き〟の因って来たる所以について)、考察を深めさせてくれる。こういう順番だろう。

2. 本人も気づかない〝瞬間の輝き〟を、クラス全員で共有する

美濃保育園「第3水曜の会」に通い続けての驚き。それは、山﨑先生が、「〝瞬間の輝き〟を求めて」の写真を、全クラス分、それぞれに抽出してプリントアウト。映像データと共にお渡ししていることだった。クラス担任の先生方は、①前日までに指導案を準備し、②当日は指導に汗をかき、③検討会での検討に身を委ねる。舞台公演の役者のような緊張感に満ちた時間の連続。時には無力感に苛まれることもあったろう。

ところが、翌月になると、山﨑先生から、何枚もの「〝瞬間の輝き〟を求めて」の写真が、届けられる。「あっらあ、Aちゃん、こんなにええ表情しとったん?」。「この2人の〝ペア表現〟ポーズ、笑顔がこぼれそう!」。「〝Bちゃんの綺麗なホップ〟を、遠くの端っこに坐っとる子までも、しっかり見とるで~」。「可愛いもんやなあ」(笑)。

担任である自分が気づかないので褒めてやれなかった場面の数々。それを、喜びと共に、再認識。「クラスの子どもたちに見せて、褒めてあげられます」。「Aちゃん、自分の写真見て、ビックリするんとちゃうかあ?」(笑)――。

こうして、山﨑先生の「〝瞬間の輝き〟を求めて」の写真は、教室で紹介され、掲示板に貼られて、クラス全員に共有。誇らしい全体の財産になっていった。何でもないようなこの写真サービスである。しかし、山﨑先生は、これを実現するために、帰宅後、実に膨大な時間を費やしていたのだった。

3．この〝瞬間の輝き〟は、どういう指導の文脈の中で生まれたのか?

山﨑先生のテーマは、「〝瞬間の輝き〟を求めて」。そうして始まった、美濃保育園の表現活動研究への参加だった。ところが、数千・数万の写真データから、〝瞬間の輝き〟を捉える仕事を続けた結果、山﨑先生の胸中に、湧き起こるものがあった。それが〈この〝瞬間の輝き〟は、どういう指導の文脈の中で生まれたのか?〉この〝問い〟だった。

本書所収の論考は、参加の回数を重ねるに従い、「公開保育」や「第3水曜の会」全体の紹介であることをやめる。そして、一つのクラスの発表場面を取り上げた、よりテーマを絞った授業記録へと変化して行く。山﨑先生の問題意識が、〝瞬間の輝き〟の撮影そのものから、〝瞬間の輝き〟を生み出した文脈・状況の探究へと、方向性が定まっていく。あるいは、〝瞬間の輝き〟の衝撃が、自ずと、山﨑先生をして、その〝瞬間の輝き〟生成原理の解明へと向かわせた、と言うべきだろうか。

例えば、本書収載記録中の異色作であり白眉でもある、大野ルミ子先生〈3歳児「スキップと歌：カエルの冒険」〉(pp.202-230)。これを見てみよう。すぐに気づくのは、この記録が、「〝瞬間の輝き〟の記録」ではなく、「〝13分間の輝き〟の記録」。つまり、「13分間の授業過程全体について、〝(ビデオからの)文字起こし記録〟と、〝検討会での文字起こし記録〟」の二つから成り立っていることだ。写真は11枚。どの写真も3歳児の生き生きとした表現の姿を伝えるものであり魅力に溢れている。〝瞬間の輝き〟であることは勿論だが、敢えて言い換えるなら、〝授業の輝き〟と呼びたくなるような写真である。山﨑先生によってなされた、①写真撮影と、②〝文字起こし〟と、③考察。まさに3拍子揃った授業記録であり、授業研究となっている。

驚くのは、大野ルミ子先生指導の「13分間の授業」の中身だ。山﨑先生による冒頭の概括では、次のようになる(＊表記を一部変更した)。

ホールに入り、大野ルミ子先生がピアノ伴奏者の本田直子先生と打ち合わせを終えて、振り向くと、子どもたちがワニ歩きをしていた。(おとなしい)女の子二人は立っていた。

子どもたちは入り口付近の床に座って(教師の)打ち合わせが終わるのを待っているのが通常のやり方である。そして、ピアノ伴奏者の先生と挨拶をしてから始める。しかし、この日は、どうしたことか、ホールに入って先生が打ち合わせをしている間に、子どもたちがワニ歩きを始めてしまったのである。

大野先生の指導案は白紙の状態になってしまった。大野先生が、この事態をどう切り抜けていったか。この時の様子を再現していきたい。

山﨑先生の問題提起は〈授業開始早々、子どもたちが、教師の予想もしなかった問題行動（〝ワニ歩き〟）を始めてしまった時、教師は、その異常事態に、どう対処していけばよいか〉ともなろうか。結論を先に言うなら、美濃保育園の対処法は、こうだろうか。〈子どもから予想外の問題行動（〝ワニ歩き〟／教師にとって不都合な行動）が出た場合、（可能な限りそれを排除せず）、その予想外の行動（子どもからの問い）の意味を本気で受け止め、それを生かす形で、授業を対話的・創造的に展開していきたい〉――。改めて、授業の文字起こし記録と、検討会の文字起こし記録を、読み直してみると、それが、美濃保育園教師の共通認識となっていることが分かる。

教師の誰もが、大野ルミ子先生のように、（ある意味で）天才的な授業展開を毎回実現できるとは言えないだろう。しかし、この〈子どもから出た〝思いがけない行動〟を生かす〉という授業の方向性（教師の在り方）。美濃保育園の教師たちは、それに憧れを抱いている。（たとえ部分的であっても）、それに挑戦しようとしている。美濃保育園教師のその姿勢の中に、表現指導の本質が隠されているのではないだろうか。

ここで、先生方の声を聞いてみよう（＊表記を一部変更）。

A先生「私は、始まる時は本当に、〝わあっ！　これは！〟」「私は人ごとなので、〝これはどうやってやるんだ？（笑）〟」「でも、子どもの立場になれば、〝あれはどうやるのか？〟と思う」「私は、指導案は知っていたし、ルミ子先生は、悩んで、書き代えて書き代えて、いきなりこれ（〝ワニ歩き〟）では（笑）」。
「でも、安心して見ていられるのは、（中略）、ルミ子先生なら何とかするかな」「〝やってほしいな〟と思いながら、たぶん、見ていた先生方みんな、〝うわあ、どうするんだろう〟と楽しみに見ていられる」。

B先生「見たことのないかわいさ」「（対応に）悩んだら、子どもたちに乗っかって、流れに乗って、満足するまでやらせてしまい、（指導案路線へと）無理に変えなかったのが良くて、私も自分の時にもっとやらせてあげれば良かったと思った」。

C先生「自分だったらと考えると恐ろしくて」「ワニからオタマジャクシ（〝カエル式スキップ〟へと繋ぐ布石）に持っていく時の持って行き方が本当にすごくて、見ている私もなるほどと思い、本当にすごいと思いました」。
「スキップも、〝スキップするよ〟と言うと、体も硬くなるし、カエルで1・2・3ジャンプをして、そのままスキップしたところは、子どもは柔らかくスキップしていた」。

三者三様ながら、自分自身に引き付けた感想になっている。読者は、そこから、幾つもの気づきが得られるだろう。そこには、普通の小中学校教師の想像を遥かに超えたステップ指導の在り方が語られている。専門職としての保育教諭が、いかに高度な指導技術と指導哲学とを、身体知として、兼ね備えているか。その事実に驚かされる。

素朴な驚きとして、（3歳児には）〈〝スキップ〟という言葉を使わないで〝スキップ〟を教える〉。これが、美濃保育園の常識であり見識だということ。ここは、大野ルミ子先生に教えを請おう。

大野ルミ子先生　①「今日の一番のねらいは、スキップで、3歳児にどうやったらいいのか、どう言ったらいいのか、足を上げろとか手を上げろとか言っても、通じないので……、なんて言ったらいいのかなと考えた」。②「カエルはどうかな、カエルスキップなら跳んで分かる」「足も上がる」「子どもに分かり易いのかなと考えた」。③「指導案を書いていて、私がこういう言葉かけがどんどん出てくるということは、子どもたちにも伝わるのかなと思ってやってみた」――。

大野ルミ子先生は、指導案作成の段階で、スキップ指導について、こうした教材解釈を持ち、これだけの指導の手立て・言葉かけを用意していたことが分かる。指導案のタイトルが「カエルの冒険」となっているのは、（3歳児には）「カエルの冒険」というオリジナルなお話の中でこそ、スキップ表現の本質的な楽しさが体得できるのだ、ということだろう。

ルミ子先生が、ここまで万全の準備をしていたというのに、本番授業で振り向いてみたら、子どもたちは、（全く予想外の）、〝ワニ歩き〟。戸惑いつつも、（本能的に）、用意した指導案をいったんチャラにしてしまう。子どもたちが勝手に始めてしまった〝ワニ歩き表現〟の姿に、「この〝ワニ歩き〟

って楽しいよ〜」「ルミ子先生も一緒にやろうよ〜」という声（問いかけ）を聴き取る。園長先生は、「♪ワニが歩く〜、♪ワニが歩く〜」という歌を歌い出している。「この〝ワニ歩き〟で、もう、授業は始まっているよね」というサインだ。

ルミ子先生は、その場の授業で、「ワニさん、さ、どこにおる?」「川、池、海?」と聞き返す。すると、子どもたちからは、「海〜」という（ここも想定外のシュールな）答え。こうして、あたかも、楽器の即興演奏のようにして、手探りでの〝ワニ歩き〟の表現授業が、愉快に進行。逆説的になるが、ルミ子先生に、万全の準備があったからこそ、すでに始まってしまっている〝ワニ歩き〟表現を生かして、子どもたちと共に身体表現そのものを心から楽しめたのだろう。そして、その伸び伸びとした解放感の中で、ワニのお話を、〝オタマジャクシ〟に繋げ、〝カエル〟に繋げして、〝カエルジャンプ〟（スキップ）へと展開できたのだろう。

ところで、〈子どもから出た〝思いがけない行動〟を生かす〉という美濃保育園授業の原理。この授業観そのものについては、大方の賛同が得られるかと思う。ただ、ここで注目すべきは、山﨑先生が、記録の中で、子どもたちの〝思いがけない行動〟発生の根源にまで、言及していることである。

山﨑先生「考えてみると、子どもたちが自然に動き始めたのは、保育室（教室）での指導や活動で触発されて動いていたものもあったのではないかと考えられる」。「（ルミ子先生の指導の中に）、動きたくなるくらい子どもたちの心を揺さぶる何かがあったのではないだろうか」

――。

山﨑先生の、この洞察力には、驚くばかりだ。山﨑先生の考察を、別方向から言い換えるなら、①「ルミ子先生の授業で、子どもたちから〝ワニ歩き〟が出たのは、決して偶然ではない」②「(ルミ子先生の指示を待たずに)、子どもたちが勝手に〝ワニ歩き〟を始めてしまった行動には、何らかの積極的な理由があったはずだ」③「子どもたちが、ルミ子先生に向かって、〝ワニ歩き〟で迫っていく行動には、それがルミ子先生によって、楽しい表現として受け止めてもらえるという確信・期待感があったからなのではないか」、とでもなるだろうか。この洞察は、表現活動の本質に関る。

ここで、〝ワニ歩き〟の反対事例として、「良く躾けられた子ども」を思い浮かべたい。幼児教育にせよ小中学校教育にせよ、そこで推奨される〝主体的な行動〟や〝自由闊達な対話〟には、実際は、「教師が困らない範囲内での」という暗黙の条件・枠組みが想定されている。いいも悪いもない。どんな社会でも、〝主体性〟や〝自由〟には、当然、枠があり、お約束があり、限定的なものだ。なので、授業で、子どもから(本当に)〝思いがけない行動・発言〟が出るのは、教師の側にそれを許容する寛容な姿勢・授業観があることを、子ども側が察知した時である。もし中学校の授業なら、たとえ同じクラスでも、教科担当教師の違いによって、〝しんと静まり返った授業〟と、〝にぎやかな自由発言に満ちた授業〟との、両方が現れる。

枠や約束事は当然あって良い。しかし、もし、その授業が、表現活動による心身の解放や創造を目指すものなら、「〝私語ゼロ〟・〝よそ見ゼロ〟を理想とするような極端なお約束」は、果たして、現実的だろうか。美濃保育園の子どもたちは、それが必要な場面では、きちんと規律が守れている。それでいて、遊びや身体表現などの場面では、自由奔放さに溢れ、明るい笑いや歓声が響きわたっている。

こうしてみると、どんなに良く準備され、練りに練られた指導案授業でも、もし、そこに、〝(教師が予想もしなかった）子どもの思いがけない行動・発言の出現〟が許容・期待されていないのなら、それは、教師の用意した枠内での思考・表現に留まらざるを得ないだろう（「予定調和の授業」）。反対に、研究者であるA教授は、指導案の枠を軽々と飛び越えて行った、大野ルミ子先生「3歳児・カエルの冒険」授業に対して、以下のような、絶賛のコメントを寄せている。

A教授「こんな授業は見たことがない」「最高だと思いますよ」。「長い経験の中で、ノウハウや言葉だとか、事例を見つけていらっしゃると」「真似できないと思いますよ」「教えてほしいなと思います」「それを記録したいと思います」――。

山﨑先生によって文字起こしされた〈3歳児「スキップと歌：カエルの冒険」〉の授業記録。それは、単純な文字起こしではない。言葉でのやりとりに加えて、映像から伺える情景を豊かに挟み込み、適宜考察も加えて、立体的に再構成されたものとなっている。ナゼそれが可能になったか。それは、〈この〝瞬間の輝き〟は、イッタイ、どういう指導の文脈の中で生まれたのか？〉という山﨑先生の激しいまでの問いがあるからだろう。

また、他の授業記録を含めて本書全体に、〈〝熟達した実践者〟は、優れた教育実践を、どう受け止め、どう分析して、実践に寄与するか〉――。この問いへの答えが、個性的に実現されている。その稀有な達成に、深い畏敬の念を抱かざるを得ない。

4．公開研修「第3水曜の会」で学ぶ

美濃保育園には、毎月「第3水曜の会」という名の授業研究会がある。0・1歳児から5歳児まで、全クラスの表現活動の授業が、遊戯室ホールを会場にして行われ、それを、クラス担任全員が参観し合う。放課後、園児が帰ってから、職員室で授業検討会が開かれる。教材解釈や指導法、指揮や演出の仕方、言葉かけ、子ども理解の在り方など、あらゆる課題が話し合われ、翌月に向けての指導の目標が探られていく。この「第3水曜の会」は、（事前に申し込めば）、園外の教師や研究者に対しても、参観が許されている。

公開研修「第3水曜の会」は、2015年度からスタートした。美濃保育園では、当時、大槻志津江先生がご高齢となり、その直接指導が受けられなくなっていた。また、クラス担任に若手の新採教師が増えてきたことなどで、職員研修の場が切実に求められていた。ただし、「月例の公開研修会を実施して他クラスの授業を見合う」と言っても、ことはそう簡単ではない。担任は教室を留守にできない。なので、勤務シフトを特別編成し、替わりの教師をそこに配置しなければならない。園長・雲山晃成先生は、園の最優先課題を、「教師の学びの場の確保」＝「授業力の向上」と思い定め、いわば背水の陣での「第3水曜の会」開始だったと思う。

山﨑先生は、この「第3水曜の会」に、2017年度から3年間、（2020年2月末の全国一斉休校による中断まで）、ほとんど毎月参加して、写真撮影に専念した。そして、〝瞬間の輝き〟の写真を選び出しては園に提供した。更には、月刊誌「事実と創造」に「美濃保育園・公開研修の記録」を発表し、全国の仲間たちが美濃保育園・表現実践を、共有できるようにした。最高学年である5歳児のクラスに対しては、「写真の個人別ファイル」を作り、1年間の成長の過程がひと目で分かるよう

にするという徹底ぶりだった。

園長先生は、私家版『美濃保育園・写真通信〜大槻志津江先生を偲んで〜』（全515号）出版に寄せての文章に、次のように書いている。

園長先生　「山﨑先生の写真が優れているのも、子ども一人ひとりに対する温かい愛情に満ちた眼差しがあり、子どもと心をリンクさせシャッターを押しているからで、偶然でこのような素晴らしい写真を撮ることはできない」。「山﨑先生は、私たちの会の仲間になり、数えきれないほどの記録写真を残してくれている」「美濃保育園にとってこの写真は財産であり、本当に私たちにとって山﨑先生は頼もしい研究者の一人である」。

山﨑先生の写真記録は、単なるカメラマンの写真ではない。表現活動に熱心に取り組んだ元教師による、見る目を持ったカメラマンによる撮影である。そこに最高の価値がある。そうでなければ、本書のような、発見と洞察に満ちた授業記録の文章を書くことなどできなかっただろう。

また、山﨑先生には、〝教師教育〟の観点がある。授業記録の中に、「子どもの表現」と不可分のものとして「教師の表現」に焦点を当てた論考までが加わっている。それも、本書の特色と言えるだろう。

「第3水曜の会」には、2018年度から、生田孝至先生（教育工学）を中心とする研究グループが、共同研究者として加わった。内山渉先生が「360度・VRカメラ」を駆使して授業の様子を撮影。これによって、午後の検討会の在り方が大きく様変わりした。A型：個々の記憶に基づく検討会から、B型：スクリーンに授業の映像を映し出しながら、どんどんコメントをしたり質問が入ったりという検討スタイルへ。

検討会の時間が、（いつしか）、真剣でありながらも、参加の先生方から笑いが噴き出すような明るい雰囲気へと変わっていった。そうなったのは、担任教師の（思い込みの）自己評価よりも、映像の中の子どもたちが、遥かに豊かな表現をしたり、集中した表現をしたりしている。それに気づかされる場面が多くなったからだったろう。

この、「授業の映像を映し出しながらの話し合い」方式。それにより、検討会が、美濃保育園の先生方の、個人的な経験年数や、得意不得意の差異を超えて、表現指導についての文化を共有する場になっていったと思う。同じ映像を見ても、そこから何を発見し何を汲み取るか。話し合いの場で、その差異が歴然とすることにも気づかされた。

思えば、山﨑雅昭先生による授業記録を読むということは、「360度・VRカメラ」映像を見ながらの検討会参加と同じ意味を持つものだろう。

読書は著者との対話である。山﨑先生の写真と文章から何を発見しどう受け止めるか。それは読者に委ねられている。本書に描かれた美濃保育園・表現活動の豊かな世界。それを、どうか存分に味わっていただきたい。

（茨城・元小中学校教諭）

美濃保育園の表現教育と子どもの姿

雲山晃成

子どもたちは素晴らしい個性をそれぞれ持っている。かけがえのない素敵な個性。一人ひとりの個性がぶつかり合い毎日新しい文化を創り出している。

昨日より今日、今日より明日と子どもたちにとって園での生活は一日一日とても尊く、毎日がかけがえのない時間である。子どもたちはとてもたくましく、賢く、そして優しい。

0歳児からでも自分の感じた真実をためらわず率直に表現し、今をいっぱいに生きている。まさに子どもたちは一流の芸術家。いや、それをはるかに超える類を見ない大芸術家たちだ。

なので子どもが作り上げる表現はどれもとても尊い。どの子もみんな自分というものをしっかりと持っている。絵画にしても、身体表現にしても、とてつもない才能を無限に秘めているのだ。

ホールから子どもたちの歌声が艶やかに響き渡る。こんな小さな体からまるで一流のバイオリニストが奏でるように小さい体を心地良く揺らしながら体を響かせて歌っている。きらきらと一人ひとりの声が重なり合い大きな大きな渦になる。時には何重奏にもなるフルオーケストラの演奏のようにホールを大きく揺らし響き合う。

子どもたちが歌を歌えば、どんな歌でも歓喜の歌になる。人間賛歌だ。今を生きている喜び、この世に生まれて来たことの喜び、クラスみんなで響き合える喜び、子どもたちは様々な喜びに満ち溢れ、声高らかに堂々と人間賛歌を歌い上げる。

歌を歌い切った時、仲間とやり切った時の喜びを分かち合うかのように、どの子も凛凛とほっぺを赤らめ静かに美しい微笑みを浮かべている。

美濃保育園での体育教育はマットや跳び箱を使って行う。高い跳び箱を跳ばせるとかそういうことは目的としていない。一つひとつ丁寧に時間をかけて行う。マットに向かう姿勢や広げた指を置く位置をしっかりと確認し、子どもたちはマットや跳び箱に挑む。足の指先、手の指先にまで気持ちを行き届かせ、深く呼吸を入れ集中し行う。静寂な空気が漂う中、子どもたちみんな体操を行う子を見つめている。一人ひとりが美しさの追求をしているのだ。気持ちの良い緊張感の中、子どもたちの息遣いだけが聞こえる。自分自身を精練し、たくましく美しく育っていく。

身体表現は子どもたちを更に美しくする。手の指先から足の指先まで神経を行き届かせ、ピアノに合わせてステップを踏む。しなやかに、時には躍動的に、解放した体を吸い上げ軽やかに踊る。背中に目があるのではないかと思ってしまうほど、クラス全体で踊っても誰もぶつかったりはしない。気持ち良く踊りながら周りに気を配り、絶妙な距離感を保ちながらそれぞれが舞踊する。相手を思いやり、尊敬し合い、認め合いながら様々なステップをこなす。

子どもたちの首筋から、しなやかな指先から、言葉を超えて私たちに訴える。〝この世で一番美しいものは我々人間なのだ〟と。研ぎ澄まされたその指の先に、そして瞳の奥に、その子の素晴らしく輝かしい未来が見える。舞踊をする子どもたち一人ひとりから人間の尊厳、とても尊い命の煌めきを感じるのだ。

これが自立した子どもの姿だ。心も身体も解放された自由な子どもたちの姿なのだ。表現は人間を解放する。私たちはどんな子どもも表現教育を通して、解放され自分を新たに改革し表現できる人間になれると信じている。美濃保育園の教育の中で特に表現教育はとても重要な教育の一つである。自分を愛し、仲間を愛し、そして平和を愛する。そんな人間にとっての大切な教育が表現教育なのである。

表現教育を通して子どもたちの心と身体を解放し、一人ひとりの子どもたちの命が輝く時、表現教育でなければ見ることができない美しく自立した子どもたちの姿に出会うのである。

美濃保育園の沿革

『表現教育との出会いから』

美濃保育園は岐阜県美濃市にある幼保連携型の認定こども園（２０１６年より保育所から変更）である。当園は美濃町当局の要請により１９４４年に財団法人美濃救護院の小住宅を使用して、園長雲山文周が戦時保育所として創設された。

次の園長である雲山文夫が、新園舎の建設をきっかけに１９７７年に3歳から5歳を対象とした縦割り保育を実践した。その後、約11年間に渡って縦割りの保育を続けたが、保育に行き詰まりを感じていた。そのような中、同じ岐阜県にある八幡保育園（当時）の園長であった稲葉直温氏から誘いを受け、斎藤喜博氏が群馬県境小学校長時代に教員であった大槻志津江氏が指導に携わっていた赤穂市立幼稚園の公開保育研究会に参加し、表現をする子どもたちの姿に衝撃を受けた。その後も、稲葉氏と別府市の愛隣幼稚園の公開保育研究会に参加し、大槻志津江氏の紹介で小松田克彦氏に会う。その後、小松田氏の埼玉の研究会「八潮の会」に参加するようになり、そこで梶山正人氏、高橋元彦氏との出会いがあった。

このようなことから、大槻志津江氏に指導を依頼し、1988年から大槻志津江氏に園に入っていただき本格的に指導が始まった。行き詰まっていた縦割り保育の課題をすぐに指摘され、年齢によるクラス編成に切り替え、朝の朝礼や全員での朝の体操、衣装を着けた演劇発表会等、形式的なものを次々と廃止していった。そして、ステップの基本動作や歌の歌い方や教え方、教材解釈、指揮の仕方、オペレッタの作り方等、表現に関することを子どもたちや職員に教えていただいた。

1989年より岐阜で合同保育研究会の合宿を開始し、大槻志津江氏、小松田克彦氏、梶山正人氏、埼玉の研究会や美濃保育園の職員、八幡保育園の職員で5回に渡って勉強会や公開研究会を行う（第一回と第三回は美濃が会場）。岐阜での合宿がきっかけで梶山正人氏、高橋元彦氏もその後、美濃保育園の指導に入るようになった。

梶山氏は歌を中心に子どもたちの指導に当たった。歌うことの楽しさ、呼吸の大切さを教えていただいた。数多くのオペレッタ集を作曲されているが、1994年にはオペレッタ集『みんな友だち』を小松田氏と共に出版、その中にある『あほろくの川だいこ』は1992年に美濃保育園公開保育研究会にて子どもたちが演じ、原作者の岸武夫氏も鑑賞されている。

高橋元彦氏には体育の指導に入っていただいた。内容はマットや跳び箱、鉄棒等の器械体操である。静かに集中し美しさを追求した体育であり、子どもたちはみるみる美しくなっていった。

このように、大槻氏には約23年間、梶山氏と高橋氏にも10年近く美濃保育園で指導していただいた。現園長の雲山晃成、私が１９９７年より美濃保育園の職員になり、幸い３名の先生方の指導を見ることができた。どの先生も子どもに寄り添い瞬時に手入れを行い、子どもたちがみるみる美しく変わっていく姿は、まるで魔法の指導のようであった。

現在は、３名の先生方の指導を知らない職員も大勢いるが、何とか先生方のような指導ができるよう、また園が自立して表現教育を行えるように、２０１６年から自園で月一回の公開研究会（第三水曜の会）を開催し、教わった表現教育を子どもたち、職員たち、研究会の参加者と共に行っている。

（美濃保育園　園長）

あとがき

私が50代の頃、一緒に授業を研究する会に参加している先生方が次々に校長になり、保護者向け発表会や公開研究会でオペレッタをやるので、写真を撮らないかと声をかけていただきました。それがきっかけで子どもたちの表現活動の写真を撮るようになりました。それまでは、千葉・茨城教授学研究会の合宿研究会で表現の実技研修の写真も撮らせていただいていました。

最初に声をかけていただいたのは，竹園西小学校の根本浪雄校長先生でした。私は、新しく買った望遠レンズを付けて勇んで行ったことを覚えています、結果は散々なものでした。それでも根本先生は、「いい写真が撮れた」と喜んでくれました。それからは次から次へと学校を巡り写真を撮らせていただきました。

退職してからは、こちらからお願いしていくつもの学校と幼稚園で写真を撮らせていただきました。回数を重ねていくと慣れてくるもので、何とか撮れるようになりました。気が付けば美濃保育園に行くようになっていました。酷い写真を何枚も何枚も撮っていました。今思うと赤面の至りです。お一人おひとりにお会いしてお詫びすると共に感謝の気持ちを伝えたくなります。

私も担任の時は、表現活動に取り組み、多くの方々にビデオを見ながら教えていただきました。その中には大槻志津江先生と岸みね子先生もおられました。遅々として成長しない私の実践を長い目で見ていただいたように思います。少し認められたのは担任の終わり頃だったと思います。

昨年の3月に、大槻志津江先生が99歳で亡くなられました。大槻先生は美濃保育園に23年間通いました。その23年間の証が今の美濃保育園にあると思います。呼吸を大切にする、ステップを表現の基本に据える、構成を考える、お話の世界に子どもを生かす、上げたら切りが無いほどたくさんのことを教えていただきました。私が5年間美濃保育園に通い、美濃保育園の表現活動を見せていただく中で、随所に大槻先生を思わせる場面がありました。

その間、私は美濃保育園で撮らせていただいた写真から選んだものを「美濃保育園写真通信」と称してはがきに印刷して、毎週大槻先生にお送りしました。指導に来られなくなり、どれだけ美濃保育園に思いを巡らせているだろうと考えた時に、美濃の子どもたちの写真を見たら、きっと喜ばれるだろう、一日の生活に少しでも潤いのあるひとときを持っていただけるのではないかと思いながら送らせていただきました。写真を前にして嬉しそうなお顔をしている先生の姿が目に浮かぶようでした。

昨年11月に東京で「大槻志津江先生を偲ぶ会」が行われると聞き、これを機会に「美濃保育園写真通信」の合本号を作ろうと考えました。初めは大槻先生一人にだけ送った写真通信でしたが、通信に出て来る子どもたちは，美濃保育園で創り出した子どもたちの姿であると同時に、大槻先生が指導された証だとも考えたからでです。

美濃保育園では大槻先生から指導を受け、それを引き継いで今でも実践を続けています。大槻先生が描いていた表現創りを実現しようとしています。表現創りを更に先に進めようとしています。大槻先生が目指していたものをです。

そして、その「美濃保育園写真通信」の合本号の中の写真と私が残してきた記録（多くは「事実と創造」に掲載済み）と一緒にまとめたものが本書です。本書を通して、美濃保育園の表現活動の素晴らしさの一端をお伝えすることができたのではないかと思います。全国の多くの表現活動に取り組む先生方とこれから取り組まれる先生方の一助になれれば幸いです。

本書をまとめるに当たり、美濃保育園園長の雲山晃成先生には、「表現活動の意義」を、一緒に美濃保育園の表現活動を学んだ千葉経済大学短期大学部非常勤講師の綿引弘文先生には解説を書いていただきました。身に余る文章をいただき、深く感謝申し上げます。また、綿引先生とは、美濃に宿泊した時など、表現活動について多くのことを語り合いました。同じものを見た立場から具体的な解説を書いていただきました。

最後に、出版に当たり、一莖書房の斎藤草子さんに心より感謝申し上げます。また、今まで表現活動の写真を撮らせていただいたたくさんの学校の先生方と子どもたちに御礼申し上げます。そして、美濃保育園の先生方と子どもたちに心より感謝いたします。

この美濃保育園の表現活動の学びの記録を亡き雲山文夫元園長と大槻志津江先生に捧げます。

山﨑雅昭

《著者紹介》
山﨑雅昭（やまざき まさあき）
1952年茨城県生まれ。獨協大学外国語学部英語学科卒業。
獨協大学外国語学部英語専攻科修了。1977年から36年間
小中学校教諭として勤務。2013年退職。
「美濃保育園写真通信合本号」（雲山晃成共著）2021年11
月自費出版。

瞬間の輝きを求めて――美濃保育園に学んだ５年間

2022年7月8日　初版第一刷発行

著　者　山　﨑　雅　昭
発行者　斎　藤　草　子
発行所　一　莖　書　房
〒173-0001　東京都板橋区本町 37-1
電話 03-3962-1354
FAX 03-3962-4310

印刷・製本／日本ハイコム　ISBN978-4-87074-242-0　C3037